第三帝国

远海之战

美国时代生活编辑部 / 编

李凤荷 / 译

修订本

海南出版社
·海口·

目　录

附　文

致读者

首先应当承认，本书的策划并非出自我本人的想法。

事实上，当一小批时代生活图书公司的编辑和作者开始极力主张推出这样一个系列的时候，我的第一反应是："有关第三帝国的话题难道还能有什么新意吗？"

可是，当前往柏林、华盛顿和莫斯科的采访人员逐步发回他们的稿件——私人珍藏的回忆录和相册堆满了我的办公桌——目击者的记录和官方秘藏的文件被一一发掘出来之后，我觉得我的疑问已经找到了最好的答案。

我们正在接近一项重大的成果：对纳粹统治下的德国的一个全新的认识——从第三帝国的内部来解剖它。

本系列共有 21 本。每一本都向您展示了第一手的私人记录、从未发表过的照片、亲历者的回忆录和新解密的官方档案。它们恰如一幅徐徐展开的巨型画卷，将您带回那腥风血雨的黑暗时代，让您仿佛置身于喧嚣狂热的柏林、遍地瓦砾的华沙、燃烧的斯大林格勒、沙尘滚滚的北非，恍如走进了令人不寒而栗的集中营、党卫队的秘密会议室、希特勒的办公室、他的书房和卧室，甚至把握到他的思想动态。每一本都有一个中心主题，整个系列连起来则构成了迄今为止最完整、最细致的"第三帝国史"。

这就是我们所做的工作，让真实的历史说话。

时代生活编辑部主编乔·沃尔

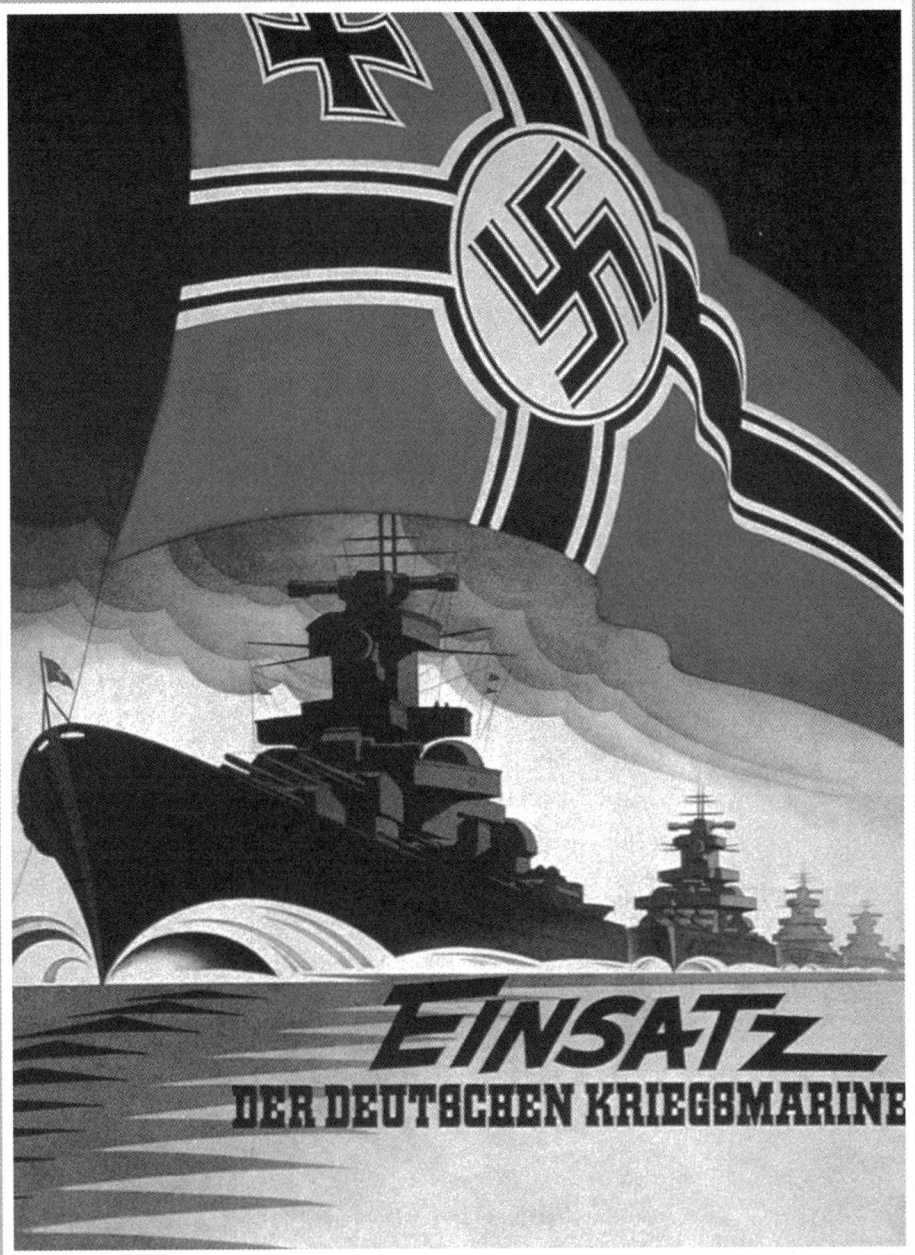

1. 一支装备不良的舰队

1939 年 9 月 3 日早晨，德国袖珍战列舰格拉夫·施佩号丝毫不显忙乱。那是个宁静的星期天，军舰正游弋在佛得角群岛西北 650 英里的平静的大西洋中，尾随其后的是补给舰阿尔特马克号。随着热带的太阳慢慢爬升，回转炮塔和舰桥等高层建筑的影子打在甲板船钟上；几个下岗休息的士兵冒着暑热靠在船尾栏杆上，晃悠悠地扯着钓鱼线。舰桥上，舰长汉斯·朗斯多夫如往常一样悠然自得地叼着根雪茄。

一派和平气氛的背后，格拉夫·施佩号实际上处于战备状态，正如它的姊妹舰德意志号一样。此刻德意志号正在格陵兰岛北边巡逻，而德国海军的 22 艘 U 型潜艇也潜行于大不列颠群岛以西海域。早在 8 月中旬，德国最高统帅部已指令以上舰只驶往远洋，以免战事爆发时舰只被困在德国近海。于是，当 9 月 1 日德国国防军全面进攻波兰时，德国海军已重重包围波兰海岸。德国人最初预计对波兰发动闪电战后英国与法国不会参与武装冲突，故对波兰一役将尽在德国股掌之间。事实上，德国海军元帅雷德尔与希特勒交换意见后，曾向紧张的下属保证英国绝不会参战。

格拉夫·施佩号已准备就绪，它是当时功能最齐全

德国重组海军后刊登了这样的一条征兵海报：激烈的战争爆发了，海面上乌云密布，一艘艘军舰列队行进。如此之类的宣传其实在掩盖一个事实——装备不良的德国海军的实力不足以抵挡密布的战云。二战于 1939 年爆发时，德国仅有 5 艘新的重型军舰。

柏林一群穿着海军军服、持枪而立的起义军人。1918年德国在一战中溃败，反战浪潮席卷德军。持异见者离开了历来保守的德国海军，鼓吹激进改革。有人指控海军叛国，海军上将雷德尔受到了极大的震动，他认为军队中更危险的是穿着海军军服而妄求推行革命行动的人。

的军舰——集火力大、速度快和续航力强等优点于一身。光滑的流线型船身配上巨型炮塔，焊接牢固的船体有609英尺长。军舰编制为1150人，配备6门11英寸口径的大炮和8具鱼雷发射管。格拉夫·施佩号由节能的柴油发动机驱动，船速最高可达26节，续航能力高达两万英里——加满油可在海上航行一个月。总而言之，格拉夫·施佩号是公海上充满威胁的杀手，这也正是德军总参谋部所期望的。

警报尚未响起，格拉夫·施佩号星期日早晨的宁静已被打破。雷达室在监听英国无线电波时，突然截获到一条未加密的电文："11时起立刻反击德国。"士兵立即把这条电文报给舰桥上的朗斯多夫。39 分钟后，在柏林的德国海军最高指挥部回电："立刻反击英国。"舰长朗斯多夫召集全体船员到甲板，宣布开始对英宣战。

远在海上的朗斯多夫等人并不晓得，这条电文给柏林的上司们带来的是个多么坏的消息。那天上午，海军上将雷德尔在最高指挥部通报幕僚：德国必须与海军实力强大的英、法作战。众人听罢不发一言。片刻之后，雷德尔宣布休会，返回自己的办公室。雷德尔在办公室写下痛苦的长篇备忘录："今天，对英、法战争爆发。可是按照希特勒的断言，在 1944 年 9 月前这都不会发生。"由于相信希特勒的话，雷德尔制订了长达 5 年的海军重组计划，以重振一战结束时饱受重创、几近覆没的德国海军。如今，德国要以格拉夫·施佩号等新造战舰对抗海上实力不可一世的英法舰队，这是他们极不情愿的。在备忘录上雷德尔悲观地写道："德国海军无论在数量或是战斗力上都不及英国，即便我们的实力发挥至极致，海军至多能做的只能是壮烈牺牲。"

雷德尔如此重视英国海军的实力是出于个人痛苦的经历。在一战中，他作为海军中将弗朗茨·冯·希佩尔的参谋，可怜巴巴地看着英国这个有着世界上最强大海军的国家牢牢地控制着北海，德国公海舰队不得不在 4 年的大部分时间里滞留在波罗的海中。1916 年，德国整个舰队试图强行突围，与英国舰队正面交锋，于是在丹麦以北海面发生了日德兰海战。在战斗中，德国海军作战灵活，胜多败少，但由于双方实力非常悬殊，英舰队参战舰只与德国之比为 3 ∶ 2，英国最终迫使德国公海舰队退回港口。彼时年方 40 岁的雷德尔担任舰长一职，因在军舰受攻击时指挥有方而赢得骑士十字勋章。这场战役使他在军界崭露头角，同时也给他留下了不可磨灭的印象：英国舰队的规模以及它的有利地理位置——横跨德国出海航线，必然在战争中占有无比的优势。

日德兰海战惨败之后，雷德尔目睹了比战争惨败还要令人沮丧的现象：德国海军士气低落。士兵中的不满情绪在 1918 年 10 月达至顶点。当时海军最高参谋部准备组织一次远征，以掩饰德军从弗兰德撤军的事实，但关于这次远征的谣言迅速传开，说舰队要为挽回海军的面子而做牺牲品。反抗行动在德国所在的波罗的海重要基地——基尔港爆发，远征计划因此不得不告吹。基尔港起义引发的反战浪潮最终导致威廉二世退位以及魏玛共和国的诞生。尽管在这场声势浩大的起义中，率先引发事件的水兵只算是小角色，但海军却因此被反对革命的保守派视为叛国贼，雷德尔以及他那身居军中高层的忠实追随者一直非常痛恨这个罪名。

可笑的是，德国海军在一次蓄意破坏行动后挽回了些"名声"。11 月停战后，协约国俘房了德国总数约为 70 艘的公海舰队，然后将这些舰只押回英国的斯卡帕湾基地。这个基地位于苏格兰北海岸对面的奥克尼群岛，是英国的大型军港。德舰整整在那儿停泊了 7 个月

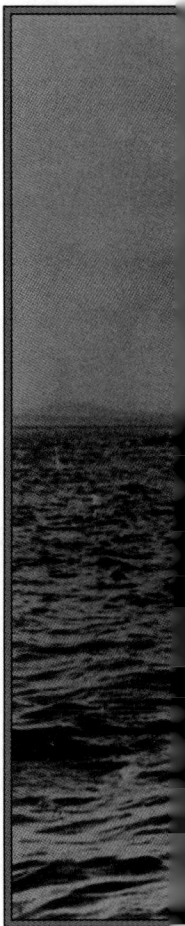

1919年6月被俘的德国公海舰队被船员凿沉后，在英国斯卡帕湾海军基地半浮半沉。德国海军元帅雷德尔认为这一反抗姿态"为德国舰队最终的重建奠定了基础"。

之久，协约国还不知如何处置这些战利品。被俘德舰的指挥官罗伊特副舰长想出了奇招——凿沉军舰。在1919年6月21日的上午10时20分，即《凡尔赛和约》签订前的一个星期，他举起了象征秘密行动的旗帜，于是在一个小时内，停在港口的德国军舰有2/3沉入水底。德国海军的颜面算是保住了些许。在雷德尔看来，这是"1919年抑郁的春天里振奋人心的一桩事"。

斯卡帕湾事件多多少少给了德国一点安慰，但《凡尔赛和约》上针对德国海军的条款却带来了沉重打击。德国1913年后造的军舰全部拆毁，一律禁止新造潜艇或军用飞机。《和约》的确允许德国海军利用已有的数量有限的老式军舰维持基本防卫——6艘战列舰、6艘巡洋舰（造于1899—1906年间）、12艘驱逐舰、12艘鱼雷艇（造于1906—1913年间），这些就是德国海军的全部"家当"。德国必须等以上的舰只服役满20年后，才能造新舰艇。德国一战后经济不振，且根据《和约》它又要向协约国赔款，舰艇更新虽说不上不可能，但起码非常困难。

《和约》上对德国海军的编制同样制订了严格的限制性条款。德国海军规模在一战中仅次于英国，但《和约》只允许德国海军保留15000人，其中军官为1500人。盟军订出更严格的一条，即要求德国海军军官必须服役25年，而预备役军人为12年。实际上，这条禁令没有对德国海军的重组起到限制作用。德国战后经济萧条，需要多年才能恢复。高素质人才不会放过任何一个入伍机会。但如此长的役期无疑会打击士气，军官升迁极其缓慢，让德国海军也不能够储备大批训练有素的战争后备军人。

尽管如此，不少久经沙场的军官仍坚守岗位，为的是德国海军重整旗鼓。雷德尔就是其中之一，他当时担任海军上将阿道夫·冯·特罗塔的总参谋长。不过，

1920 年 3 月发生的一件事打碎了雷德尔重振海军的梦想。国民议会中一位名为沃尔夫冈·卡普的议员，发动政变意图推翻脆弱的魏玛共和国。德国海军右翼一批非正规军军人参与了此次政变，一个旅的老兵行军至柏林以示支持。特罗塔被人糊弄了，以为政变成功，于是做出了支持新政府的承诺，不明智地帮了政变者一把。事实上，由于缺少支持，这次政变几天后就流产。特罗塔被迫辞职——海军再次蒙羞。调查委员会虽洗脱了雷德尔"政变同谋"之嫌，但是他在此后几年中所任的都是些闲职。在此期间，雷德尔汇编了一部关于巡洋舰战事的史书，作海军存档之用。1922 年，他转任海军教育监察长。

1925 年 1 月 7 日，威廉萨文海军基地，大批将士冒雨见证轻型巡洋舰埃姆登号的下水礼。埃姆登号是德国依照《凡尔赛和约》建造的首艘新军舰。严格的凡尔赛条款迫使埃姆登号的设计人员不得不抄袭一战中的过时模式。

就在雷德尔闲置的几年间，德国海军开展了危险的重组行动。海军的扩军举措再明显不过了：1921年，开始更换《和约》中允许的轻型巡洋舰埃姆登号；此后几年，海军挖深了连接威廉敏娜港海军基地与北海的航道，以便大型军舰通行。海军扩军最危险的一招仍在暗中进行。研究人员秘密设计了一种新型磁性水雷，这种水雷可空投，触及金属船壳时即可引爆。海军特地设计

1928年，52岁的海军老将雷德尔被任命为海军总司令，满脸风霜、棱角分明的面容藏着海军服役34年的沧桑（椭圆小像）。（主图）雷德尔出身教师家庭，入伍后提升速度极快。1912年随威廉二

了几种型号的飞机，以投掷磁性水雷、航空炸弹和鱼雷。他们还通过一个影子组织，即德国联合航空公司下属的"海上飞机试飞站"对飞机进行了试验。德国海军总部从未想过在 20 世纪 20 年代能造一艘航空母舰，但他们的工程师们却设计了一种飞机弹射器，可把侦察机从军舰上弹射到空中。海军的种种扩军行动都是在打《凡尔赛和约》的"擦边球"，其中最野心勃勃的举措是，把政府的钱投到一个子虚乌有的所谓德国工程公司即 IVS 公司，偷偷资助德国保持建造 U 型潜艇的能力。为规避《和约》的限制，IVS 公司以荷兰为基地，经营的业务是为外国承造 U 型潜艇，客户包括土耳其、芬兰和西班牙等国。然而，IVS 暗地里为德国未来潜艇舰队制订方案并搜集必需的零件。

以上种种秘密行动的幕后主脑是沃尔特·洛曼，德国海军司令部上校。日渐疏忽的协约国军控委员会一直没有察觉洛曼的诡计。但在 1928 年，国内那些反对海军扩军的人士听到洛曼未经授权而展开以上冒险行动的风声，遂敦促国会调查此事。国会的介入引发了一场大清洗：洛曼与他的上司德国海军总司令汉斯·曾克尔先后辞职。为填补总司令这个空缺，政府想到了雷德尔这个再次与丑闻擦肩而过的海军高官。有人担心雷德尔过于保守，会插手政治。不过，雷德尔对德国海军倾注了满腔的热情。雷德尔上任后忙于大小事务，同时也规规矩矩地遵守着德国海军古板的传统，据说他连一套平民

世（图中穿白裤者）出访斯堪的纳维亚半岛，其时雷德尔（左二）英姿勃发，在船上与国王相谈甚欢。

百姓的便服都没有。他上任前规划的雄图伟略只有很少一部分得到实践，因为主管海军的国防部长、退役将军威廉·格勒纳向雷德尔挑明态度——"我绝非一个军舰狂热分子"。不过，雷德尔接受任命前也挑明了自己的态度——海军应独立于陆军司令部之外。

雷德尔进退有据的作风，应付海军总司令一职绰绰有余。想当初，他在军官学校差点因教官们的粗言秽语而打退堂鼓。雷德尔凭着自己独有的机智，平息了政府要员对洛曼计划的不满，并与他们达成交易：秘密计划的最重要部分，即磁性水雷和 U 型潜艇等研究计划继续进行，用雷德尔的话就是"争取了某种程度的合法性"，政府可通过隐秘预算监控这项秘密计划，又不惊动敌人。与此同时，雷德尔按照《凡尔赛和约》进行必要的海军军备更新，这项系统工程已因德国经济状况的改善而有所加快。20 世纪 20 年代末，海军将拥有 12 艘新鱼雷艇，以及继埃姆登号后补充的 3 艘 6000 吨 K 级巡洋舰。但一项更为野心勃勃和富于争议性的秘密计划让这一切都黯然失色——建造袖珍战列舰计划。

袖珍战列舰概念是在极其严格的《凡尔赛和约》条款中钻空子。《和约》列明：德国新建军舰的排水量必须低于 1 万吨。而 1921 年和 1922 年间各国签订的《华盛顿海军条约》则允许世界五大海军强国——英国、美国、日本、意大利及法国建造排水量达到 3.5 万吨的战列舰。但《华盛顿海军条约》也留了一线希望给德国：该条约同样限制五大海军强国的巡洋舰排水量不超过 1 万吨及安装 8 英寸以上的火炮；只有用于实验，才可建造超过以上标准的军舰。柏林的将军们因此想出了一个方案：建造排水量为 1 万吨的军舰，能携带更重型的火炮且速度不减。这种袖珍战列舰建成后将携带 6 门 8 英寸及 8 门 5.9 英寸的火炮。为了把重量降下来，船身只用较轻的装甲。8 台柴油机强大的推动力将使船速达到 26 节，确保袖珍战列舰不仅能快速摆脱敌舰的追逐，还可获得较大的续航距离。在各国军舰实力表上，看来只有英国的 3 艘大型军舰在航速和火力上胜过德国的袖珍战列舰。英国无畏级战列舰，远胜袖珍军舰，而且它们也像袖珍战列舰一样使用较轻的装甲。

雷德尔于 1928 年成为海军总司令，其时袖珍战列舰计划将要提交国会进行表决。虽然国会中充满了关于海军穷兵黩武的反对声音："要袖珍战列舰，还是要孩子赖以成长的食物？"但是让雷德尔宽心的是，国会最终以 255 票对 203 票的微弱优势通过了袖珍战列舰的拨款。这是一次重要的胜利，因为袖珍战列舰已成为德国战略大计的一个关键所在。海军坚信，传统海战注重舰艇编队、群体作战的时代已是明日黄花。大型舰艇编队容易被敌军侦察到，在海战中缺乏灵活性。相反，德国海军决策者认为须重点发展军舰的特遣部队，即为完成特定任务而随时组成的小型海上编队。因此，有什么比

灵活又强大的袖珍战列舰更适合于充当海上小型编队的
主力舰呢?

　　第一艘袖珍战列舰德意志号于1931年5月19日建
成下水,海军当时的士气较10年前已有所振作。德国
总理海因里希·布吕宁在下水礼上发表了一篇咄咄逼人
的演说:"在本次典礼上,德国人民向世界证明,尽管
我们身上套着枷锁,经济也不景气,但我们有能力保卫
这片和平的家园,有能力捍卫我们的荣誉。"其时德国
海军尚有两艘袖珍战列舰正在建造中——希尔号和格拉
夫·施佩号。在接下来的18个月里,雷德尔紧抓这项
计划不放,丝毫不理会德国斗得正酣的政治角力。早在
魏玛共和国于1933年初崩溃前,雷德尔已顺利取得国
会给予袖珍战列舰的一揽子5年拨款,用以建造6艘袖
珍战列舰、6艘巡洋舰、若干个驱逐舰编队、鱼雷艇、
扫雷艇以及16艘U型潜艇。这个扩军计划公然违抗了
《凡尔赛和约》,同时也只不过是德国新元首希特勒巨
大野心的一小部分。雷德尔于1933年2月首次会见新
元首,他那"我们的海军扩充能力无限"的豪言壮语说
得希特勒心花怒放。

　　希特勒在随后的会议上向雷德尔表明,海军的任务
就是支援陆军对抗在欧洲大陆上的对手,并非与英国正
面抗衡。希特勒此后在多个场合重申海军不会与英军作
战的保证。希特勒再三保证,不仅仅由于德国畏惧英国
海军的强大实力,而且是出于一种希望:德国终有一天

能与英国达成共识，即英国会放任德国扩张国土。因为希特勒的保证，雷德尔对不必将英国海军纳入他的战略计划感到十分宽慰。雷德尔在与历任德国领袖打交道中，已见识了政客在国防事务上的随波逐流，但希特勒支持海军扩军的坚定信心、细致的领悟力以及一矢中的洞察力都让雷德尔非常折服。然而，慢慢地，雷德尔还是意识到希特勒也不过是不可救药的"陆军至上派"——他不知如何发挥强大的海军所拥有的力量。

到 1935 年 3 月，德军的扩军行动已到了可让希特勒高声批判《凡尔赛和约》的地步。不过，他还是没有挑战英国人的胆子。希特勒对英国做了一个再明显不过的示好举动——提议与英国订立单方面的协议，申明德国海军未来的吨位总量不超过英国的 35%。对差英国一大截的德国海军来说，这貌似"损己利人"的协议一点坏处都没有，因为当时英国的水面舰队号称拥有 150 艘驱逐舰，德军才有 12 艘；英国有 54 艘巡洋舰，而德国仅有 8 艘；英国有 8 艘航空母舰，德国航空母舰数量为零；英国有 12 艘战列舰及 3 艘战列巡洋舰，德国才有可怜巴巴的 3 艘袖珍战列舰。想不到英国也急于签署这个协议，这也是出于战略考虑。那时，一战的另一个战败国日本已明显不把《华盛顿海军条约》放在眼里，大肆扩军，成为英国在亚洲的心腹大患。英国十分忧虑一旦德国步日本后尘，可能会进一步分散英国的海上实力。

英、德两国在 1935 年 6 月 18 日正式签署以上协议，双方对此大加溢美之词。英国海军上将贝蒂伯爵在英国上议院发表演说："我要对德国人民致以衷心的感谢。他们向我们伸出友谊之手，自愿提出德英海军吨位之比为 35 ∶ 100。若是他们提出另外的协议，我们是不可能阻止的。这个协议让我们能避免与世界上其中一个国家展开军事竞赛，对此我们十分感激。"德国代表雷德尔对双方签署协议表示欢迎，并重申德国海军将有序地提高军力，绝不会与海上实力最强的英国为敌。对于英德海军协议，雷德尔在日记中写道："现在回想此事，那时是我们扩军的顶点，也是我个人抱负的顶点。我想我有充分的理由坚定地走下去。"

英德海军协议的其中一个结果是让 U 型潜艇计划"浮出水面"。当时，德国人还没有为自己建造一艘 U 型潜艇，但潜艇的确有着战列舰和巡洋舰无法比拟的优势——建造速度快，而此前在荷兰成立的秘密公司 IVS 刚好已给德国发展潜艇打下了很好的基础。在英德海军协议签署后的不到 4 个月时间，12 艘潜艇组成的首个潜艇编队进行水下试验。潜艇编队由卡尔·邓尼茨指挥，他是一位出色的 U 型潜艇指挥官，曾在一战中挫败过英国海军。

德国潜艇由此壮大了，雷德尔还希望发展一支独立于空军的舰载机部队。他坚信随着特遣部队以及远洋舰队的振兴，海军毋庸置疑需要一批自己培养、指挥的飞行员。实际上，到 1935 年为止，海军已招收了一支人

1931 年德国为第一艘袖珍战列舰德意志号举行了盛大的下水礼，总统保罗·冯·兴登堡（手握佩剑者）与总理海因里希·布吕宁（着便装者）检阅了仪仗队。德意志号巨大的船体吸引了参观者的目光。船厂工人非常希望让未完工的德意志号下水。兴登堡在典礼上幽默地说："有人一不小心按了启动键，于是德意志号就滑下水了。"

在空军的封堵下，海军专心于提高空中侦察技术。左上图中，一架飞机正被吊到补给舰奥斯特马克号上，补给舰上安装了飞机弹射器（下图），弹射器推动飞行器在跑道上滑行、起飞。

数众多、训练有素的飞行员入伍；其时希特勒刚好宣布德国拥有空军并任命长期追随他左右的助手赫尔曼·戈林为空军司令。戈林向来把德国空中力量当作自己的私人领域，他曾经这样夸口："只要是能飞的东西，都是属于我的。"他也动用自己可观的影响力阻止雷德尔在海军中发展空中力量。空军与海军的僵持局面在1936年有了转机，戈林与雷德尔达成协议，成立独立于空军的"空中力量指挥部（海军）"。该部的飞机装备以及飞行员培训均由空军把持，海军对这支部队拥有战术调度权。雷德尔把海军招收的飞行员移交给"空中力量指挥部（海军）"，希望以此对指挥部施加影响力。但他的底牌终究不敌戈林：在 1939 年海军被迫与空军签署新协约，几近把所有的战术调度权让给空军，包括空中布雷及空袭敌方军舰和海岸基地。海军只保留空中侦察机及空军将对其提供紧密的战术支持。这只不过是聊以自慰罢了。

　　然而，雷德尔及其同僚也没多少时间为那些反反复复的挫折而悲伤，光是为如何掩饰海军日益扩大的舰队以及军舰编队等大问题就足够他们头痛了。英德海军协议签署之后，好大喜功的最高统帅部授意海军建造两艘吨位各为 3 万吨的超级战列舰——沙恩霍斯特号及格奈泽瑙号，以与别国的战列巡洋舰抗衡。德国扩军蓝图的下一批待建军舰更是海上"巨无霸"——俾斯麦号和提尔皮茨号吨位都超过 3.5 万吨。不过，海军首先要解决的问题是如何驱动这些巨型战舰。第一艘袖珍战列舰德意志号以及此后的两艘均以柴油发动机驱动，并已证明柴油发动机在推动力和可靠性方面都足以保证 1 万吨级战舰的航行，至于超过 1 万吨的战舰就难说了。后来，德国的工程师们想出了一个好法子——安装超热蒸汽推动的新型涡轮发动机。这种发动机虽然可以驱动超过 1 万吨的战舰，但其续航能力和效率仍让人有所怀疑。究竟是柴油发动机还是涡轮蒸汽发动机更适合巨型战舰，德国海军已没有时间用海上实测来检验。雷德尔最终把宝押在了推动力更强的涡轮蒸汽发动机上，希望工程师们能及时纠正设计中的漏洞。然而，这个抉择后来

　　1936年10月3日，威廉萨文海军
基地举行沙恩霍斯特号下水礼，希特勒
检阅仪仗队时致纳粹举手礼，雷德尔
（左）行的是传统军礼。

引起了大麻烦。

还有一个更棘手的问题摆在雷德尔面前——已有 4 艘大型军舰在建造中，应该再造大型军舰还是造一些小型、机动性强的军舰和潜艇？这个问题在 1938 年显得日益突出，当时希特勒宣布与奥地利合并，引发了英德关系紧张的局面。希特勒在与下属的谈话中，凡提到英国和法国就用"那两个讨厌的敌人"来代替。同年 8 月，他对已警觉事情有变的雷德尔摆明情况，要求雷德尔把英国列为未来作战对手之一。英国是否讨人嫌不重要，重要的是从此德国海军要应付英国强大的海上力量，并以此相应地制订军舰建造计划的优先次序。赫尔穆斯·海耶上校向最高统帅部提交了第一份解决方案。年仅 43 岁的海军上校赫尔穆斯·海耶当时已担任雷德尔的总参谋长，他向来反对海军建造过多的大型军舰。海耶的方案基于这么一个假设，即德军大型舰船也许永远超越英国皇家海军，因此德军应该设法在灵活性方面超越英军。他写道："英国海军的弱点在于他们的海上通信系统。"针对这个弱点，德国可对英国海上频繁往返的商船施以密集的攻击，而执行密集攻击的将是众多速度快、续航距离远的小型舰只，而不是有限的几艘海上"巨无霸"。

德军专门开了个海耶方案研讨会，然而会上充斥着反对声音。海军副司令京特·古泽在会上斥责道："先生们，摆在我们面前的方案说的是，我们不能以战列舰击败英国。"古泽的潜台词就是，讨论这个方案就等于承认德国失败。海耶的方案让人感觉德国根本不能以强大的战列舰撕开英国对自己的海上封锁，英国对德国港口的封锁正是一战中德国战败的主因。讨论会上另一位海军上将坚称："只有最重型的战舰才能让我们战胜大西洋上最可怕的力量。"对于以上反对意见，海耶用"四两拨千斤"应对，他认为富有灵活性的轻型战舰能在英国的重重封锁中撕开一个口子。然而，他并不能说服在座的军官们。方案委员会拒绝接受海耶的观点，并向雷德尔提交了一个10年造船方案的修正案，建议海军未来10年中造更多的大型战舰，其中包括6艘巨大的H型战列舰，每艘吨位5.6万吨。考虑到此方案耗钱又耗时，可能在对英作战时仍不能派上用场，雷德尔对方案做了修改：包括潜艇在内的小型、隐蔽性强的舰船又出现在方案中。雷德尔把修正案和委员会的原方案一并提交给希特勒，还附上有关两个方案的总结报告："如执行修正案，我国将在相对短的时间内拥有一支由潜艇和袖珍战列舰组成的舰队，虽然在军力分布上有所失衡，但这支舰队可以在战争期间对英国重要的海上交通线予以沉重打击；若执行原方案，几近顶级的大型战舰将形成巨大的攻击力量，对英国的海上交通线施以打击，并有望在正面迎击英国舰队中取胜，但缺点就是需时甚久。"

希特勒一向追求武器的名气和火力，哪个方案更吸

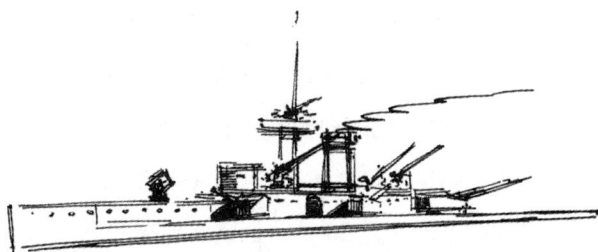

"Z 计划"：1938 ~ 1948 年造舰方案

舰艇型号	建造总量	至 1939 年 9 月完工或接近完工的舰艇
袖珍战列舰队	3	德意志号／希尔号／格拉夫·施佩号
战列舰	10	格奈泽瑙号／沙恩霍斯特号 俾斯麦号／提尔皮茨号
重型巡洋舰	11	希佩尔号／布吕歇尔号／欧根亲王号 塞德利茨号（从未使用）
轻型巡洋舰	22	尼恩贝格号／莱普齐甘号／克伦号 卡尔斯卢赫号／柯尼希斯贝号
航空母舰	4	格拉夫·齐伯林号（从未使用）
U 型潜艇	267	57
侦察巡洋舰	36	0
驱逐舰	70	22
鱼雷艇	90	20
训练用的舰船 （旧战舰改装）		施勒西恩号和施勒斯维希－荷尔斯泰因号 （战列舰）／埃姆登号（巡洋舰）／霍斯特· 韦泽尔号和戈尔希·弗克号（海船）

希特勒喜欢画配着大炮的军舰（上图），预示着他渴望重型军舰和强力火炮，后来于 1939 年 1 月批准宏大的"Z 计划"（见上表）也不足为奇了。

引他已昭然若揭。希特勒向来就对大军舰着迷，喜欢在速写本上画满军舰的设计图。希特勒通知雷德尔选择火力大的方案时，雷德尔感到有必要向希特勒再次提出警告，他说道："若战事在一两年内爆发，大火力军舰将不能及时参战。"希特勒又把自己的保证重复了一遍："在我的政治蓝图中，1946 年前不必动用军舰。"

1939 年 1 月下旬，希特勒批准了代号为"Z 计划"

的庞大造舰方案。这个方案似乎哪一方都没有得罪，造舰名单上也有 U 型潜艇；但大部分都集中在重型战舰，包括 6 艘 H 型的巨型战列舰和 4 艘航空母舰，这些战舰都需数年时间建造和装备。雷德尔在此后的数月里终日处在忧虑之中。4 月 28 日，也就是他被提升为海军元帅后，希特勒出人意料地废除了英德海军协约。他在宣布此事时发表了措辞强硬的演说，严厉指责英国在德国与波兰出现领土纷争时站到了波兰一方。德国于 9 月 1 日对波兰发动侵略战争，两天后盟军履行盟约，宣布支持波兰。希特勒的保证被自己一手粉碎，他还强硬地对雷德尔说："我们迟早都要与英国作战的。"

宏大的"Z 计划"随即被搁置一边了，方案通过前已在建以及接近完工的战舰侥幸能得以继续。从这点看来，U 型潜艇无疑将夺得建造的优先权。按"Z 计划"，海军每月将建造 29 艘 U 型潜艇，但事实上从未达到过这个标准。两年后，一支高效的水下部队才归到邓尼茨麾下。

德国海军当时糟糕透了。英法两国海军总计有 22 艘战列舰，而德国仅有两艘战列舰和 3 艘袖珍战列舰。盟军共有 7 艘航空母舰，德军只有一艘格拉夫·齐柏林号在建，最终还因要建造其他更紧迫的武器而被放弃了。因此，雷德尔麾下的舰艇数量远远不及盟军，两者巡洋舰之比是 1：10，驱逐舰和鱼雷艇的合计数之比接近 1：8。潜艇数量反而没有被落下多少，德国拥有 57

艘潜艇，盟军有 135 艘；但在 57 艘潜艇中，只有 22 艘适合远洋作战，其余的只能用于近岸攻击。照 1939 年 9 月的双方军力之比，邓尼茨上将这样描述任务的艰巨："我们的海军就像没有手脚的残疾人，没有哪个国家的任何一支武装力量像我们这么差。"

德国海军虽然不情愿远洋作战，但还是迈出了犹豫的第一步。雷德尔认为只有如下的作战方案才可行：水面部队根本不足以对付盟军，因此德国战舰只能集中在突袭以及一些旨在分散和干扰盟军的牵制行动。然而，这个方案起初遭到众人反对。希特勒依然坚信盟军会被德国侵略波兰的闪电战吓倒而放弃支持波兰，同时他也不做任何不必要的挑衅行为。朗斯多夫舰长向船员宣布德国对英作战后不久，柏林发出指令，要求格拉夫·施佩号和姊妹舰德意志号从现在的位置撤返，直到另有指令再行动。

德英宣战后的一个月里，官方要求德国的海上攻击仅限于出动 U 型潜艇，对军舰、武装商船及运送战备物资的货轮施以袭击。不幸的是，德英宣战后的第一天，一艘 U 型潜艇发射的鱼雷误把客轮阿森尼亚号击沉，造成 118 人死亡。德国同时还忙于建造所谓的西墙，即在北海布置雷区，防范英国的进攻，也为德国战舰从挪威海出远海提供一道保护屏障。德国还不忘在英国海岸线上也布置攻击雷区。至 9 月底，水雷已成功炸沉英国 9 艘舰艇，U 型潜艇则击毁英舰 40 艘。若非德国的出击尚算克制，恐怕盟军损失更为惨重。然而，尽管波兰已经失陷，盟军对德国极为克制的进攻一点也不领情，丝毫没有让步的迹象。考虑到德国根本没有退路可言，希特勒要求雷德尔把水面舰队全部亮出来。

雷德尔迅速而敏捷地做出部署，因为盟军特别的作战方式让德国人有大把时间进行军事调动。盟军并没有重点封锁德国军舰出港或为盟军商船护航，他们组建了丘吉尔所称的"轻骑小分队"，即用数目众多的舰艇来围堵数目不多的德国水面和水下舰艇。盟军这种"船海"战术给了雷德尔一个极佳的机会去拖垮盟军。他的计策是：鉴于袖珍战列舰速度比大部分盟军舰只都快，因此用它们来劫击商船。9月30日，格拉夫·施佩号在南大西洋击沉盟军第一艘货船，此后两个月它更加猖狂。至于超万吨的大型战舰，雷德尔用它们以"打了就跑"的战术进攻商船。这一方面尽可能地削弱了盟军的战斗力，另一方面也避免与盟军其他舰只发生危险的相遇。同年10月初，德国海军的旗舰格奈泽瑙号在巡洋舰克伦号和9艘驱逐舰的护卫下悄悄地驶入北海，以骚扰英国本土舰队。11月，刚修复蒸汽机故障的沙恩霍斯特号加入战团，企图一战打垮英国海军。雷德尔希望这两艘战舰完成以下使命：突破英国对冰岛和法罗群岛之间重要航道的控制；佯装要进入北大西洋以吸引英国军舰尾随。

11月23日下午，格奈泽瑙号与沙恩霍斯特号经由

1937 年的一次训练——德国水兵向鱼雷灌注压缩空气。

神射手的培训

德国海军日益扩大，高速鱼雷艇的重要性随之显现，因此训练鱼雷发射能手就成为海军备战的重要一环。

标准的鱼雷长 23 英尺，重 1.5 吨，造价甚高。从紧巴巴的海军经费预算中挤出钱来装备的鱼雷，是不可轻易损耗的。因此在训练当中，鱼雷的雷管和炸药已被事先取走，然后在弹头上灌满水以保持鱼雷重量不变。压缩空气推动弹头里的水，进而使鱼雷在弹出后最终浮起来。

训练的目标是尽可能地让鱼雷接近目标而不击中它，以免弹头受损。鱼雷上附有的烟幕弹在浮出水面时会自动引爆，引领船员前往该处寻回鱼雷。

鱼雷艇的发射管发出一枚去掉
雷管和炸药的鱼雷。图中所示的
G7a 型发射管可使鱼雷的发射速度
达 40 ～ 44 节，射程最远可达到 8
英里。

鱼雷浮出水面时烟幕弹引爆
冒出浓烟，引导海军前去拖回来。

在军官监督下，水兵
用吊索和滑轮把寻回的鱼
雷安放原位。鱼雷可重新
装回发射管里，再次发射。

一条航道驶至挪威海，从东北方向迫近冰岛－法罗群岛航道。黑暗几乎完全笼罩了两艘战舰。舰队指挥官马歇尔接到消息，沙恩霍斯特号发现一艘大型军舰正在追踪他们。于是，他指令格奈泽瑙号跟随沙恩霍斯特号进行反追踪。其后，他们发现对方在烟雾中全速向东驶去。第二天清晨5时03分，沙恩霍斯特号启动11英寸舰炮向对方开火，不料立刻遭到数门6英寸舰炮的回击。8分钟过后，格奈泽瑙号支援沙恩霍斯特号。5分钟后，战事结束，海面上留下对方军舰燃烧的残骸，火光数里之外赫然可见，舰桥上信号灯发出最后的求援信号："请派船过来。"

被德国"巨无霸"摧毁的是英国军舰拉瓦尔品第号，它的排水量达1.67万吨，原为行驶于太平洋诸国和欧洲之间的民用邮轮，最近才改为军用巡洋舰。马歇尔想其舰长必然已向友舰通报了位置和处境，英国舰队赶来救援是迟早的事情。不过，德国战舰也大致遵守了《海牙宪章》里有关海上冲突的条款。他们从侧面接近英舰，以便在滔滔大浪中放下救生艇。到7时15分，德舰救生艇总共救上了27个落水者，但此时两艘战舰上的瞭望台发现了一艘前来救援的军舰。那是英国巡洋舰纽卡斯尔号，拉瓦尔品第号错误地向他们发出了受德意志号攻击的信息。战争爆发后，英国皇家海军一直在寻觅德意志号的踪影，他们没想到德意志号当时已被拖回港口进行机械维修。收到拉瓦尔品第号错误信息的还不止纽

战争初期，德舰巡航途中，一架侦察机俯冲做高难度的远海降落。格奈泽瑙号（图左远处）的船员可操纵舰上的吊臂，把飞机从海上吊回舰上。

卡斯尔号。伦敦的海军总部也截收到此电信，并立刻组建特遣队——战列舰纳尔逊号、罗德尼号，战列巡洋舰胡德号及法国战列舰邓克号、航空母舰愤怒号，再加上30多艘巡洋舰及驱逐舰，开往拉瓦尔品第号所在的海域。看这阵势是非要摧毁德意志号不可。30多艘巡洋舰及驱逐舰组成了一条警戒线，以防德意志号从东面逃回本国。

此时，马歇尔只知道有一艘敌舰在跟踪他们，不过他深知自己的当前要务是避免不必要的冒险行径，因为对于战舰来说，黑夜中对付装备有鱼雷的舰艇非常危险。他放弃了深入北大西洋的打算，命令格奈泽瑙号和沙恩霍斯特号全速向北航行并等待更多的情报。马歇尔丝毫不知当时有那么一支庞大的舰队尾随其后，但一条气象消息无意中帮了大忙，德国气象探测船向他们发出气象预报——格陵兰岛西南将有大风暴。

马歇尔询问舰上的气象参谋，这股风暴将何时接近挪威海岸。气象参谋经过精密的测算后，认为强风将于11月26日清早7时袭击挪威斯塔兰纳港。为躲过这个风暴，格奈泽瑙号和沙恩霍斯特号几乎撤退到北极圈边上。11月25日，天阴沉沉，大浪滔天，两艘德舰乘此良机全速向南驶去，向挪威海岸进发。11月26日中午，他们不知不觉地撕破了英国的海上封锁，于次日顺利返回威廉敏娜港——直至此时盟军还不知他们的行踪。军舰在战斗中完好无损却因风浪造成了一些损坏，这需要几个月才能修好。英国舰队又在海上徒劳地搜索了3天，最终以失望告终。

两艘军舰平安归来的喜讯才让柏林海军高层高兴几天，就被军部一些认为他们战术过于保守的闲言碎语给冲淡了。格奈泽瑙号和沙恩霍斯特号回到威廉港后没多久，军事行动指挥官库尔特·弗里克在马歇尔的战事日记的边上写下潦草的批注："战舰本该用来进攻的，不是用来放烟幕的。"当弗里克得知两艘德舰面对的只有一艘英舰，他大发雷霆，"我们本可把纽卡斯尔号饱餐一顿，那时只有这么一艘敌舰！"但温斯顿·丘吉尔对德舰突围成功有相反的看法，他写道："我们的大西洋舰队有点让人担心。围堵德舰我们已动用了一切可能的力量，但运气不在我们这边。"简而言之，雷德尔的骚扰达到了预期的效果。

雷德尔很难扛得住四面的压力。在海军5艘主力舰中，3艘（格奈泽瑙号、沙恩霍斯特号及德意志号）正入厂维修，希尔号则要改装，这就意味着格拉夫·施佩号要独当重压。舰长朗斯多夫丝毫不受这些不利因素的影响，决心险中求胜。格拉夫·施佩号的活动范围是南大西洋，不过它可以驶进赤道以北，在太平洋与印度洋之间的两个海角活动。这艘海上"巨无霸"仗着补给舰阿尔特马克号提供燃油，且所到之处也可以掠夺货轮的补给品，因此它可以在海上无限期航行。由于当时雷达和远程侦察机的技术才刚起步，格拉夫·施佩号并不用对此过多忧虑，但朗斯多夫最担心的是被盟军舰艇包围而逃脱不及。

9月30日，格拉夫·施佩号在巴西东部海岸附近击沉英国货轮克莱门特号，随后该舰在南大西洋做环形航行。10月7日，格拉夫·施佩号又取得多项战果：在猎人号不幸沦为它的牺牲品10天后，又击沉阿什利号和牛顿·比奇号；5天之后特里文尼恩号也被击沉。

朗斯多夫为此几乎用尽了海上突袭的战术。为干扰盟军的情报系统，防备自己被敌军发现，朗斯多夫煞费苦心——把船名格拉夫·施佩号抹去，改成希尔将军号；在舰上挂起英国海军或法国海军的舰旗，麻痹盟军舰只而乘机将其击毁；给军舰加些伪装结构，如烟囱和舰桥等，掩饰格拉夫·施佩号独特的外形；有时他们干脆故意发出假电文，让追踪格拉夫·施佩号的敌舰以为他们受到鱼雷攻击。朗斯多夫纵是狡猾多端，但他谨慎地奉行一个重要的准则：在击沉盟军货轮前，他总是迅速派出人员前去占领货轮以便撤走船员；他把每艘盟军船只上的每个船员都救上阿尔特马克号，同时把军官妥当地安顿在格拉夫·施佩号上。

10月下旬，朗斯多夫决定甩掉追踪他们的盟军舰只。格拉夫·施佩号向东南方向转去，围绕好望角航行，11月15日在莫桑比克海岸附近击沉非洲壳号油轮。此时，朗斯多夫把俘虏来的大部分船员留在岸上，他深知这些人会报告盟军格拉夫·施佩号的方位。他希望盟军根据船员的报告，在印度洋每寸海面都搜索个遍，其实格拉夫·施佩号已重复原来的航线，返回南大西洋。朗斯多夫的小心并非空穴来风，因为盟军已撒开大网等着格拉夫·施佩号——英国和法国组成的8个联合搜猎队在南北美洲、西印度洋群岛、法国、非洲等各处海域翻了个遍，22艘主力舰因格拉夫·施佩号在海上陷于忙乱中，凭着释放船员的情报，盟军掉进了朗斯多夫处心积虑设下的陷阱，这正是雷德尔所希望的。12月2日，格拉夫·施佩号在西非海岸附近袭击万吨级货轮多里克星号。盟军的联合搜猎队终于认识到此前的长途奔袭都是徒劳无功的，也发现了格拉夫·施佩号的踪影。多里克星号货轮沉没前，船上的电台一直向盟军报告它的准确位置——经度为19度15分，纬度为5度5分。

"都让那家伙误事了！"朗斯多夫本已指示登上盟军货轮的德军把电台关掉，但不知哪个人把这事忘了，他大怒道："那个该死的信号肯定会把整个英国海军舰队引向这里。"不过，发怒之余他还没忘记把多里克星号上的船员救上来。随后，格拉夫·施佩号向西驶去。朗斯多夫打算到货轮云集的阿根廷布宜诺斯艾利斯港做最后一次觅食，然后就打道回国。第二天，格拉夫·施佩号又击沉一艘货轮——8000吨级的泰鲁阿号。12月6日，阿尔特马克号给格拉夫·施佩号加满油，就此与阿尔特马克号告别。此时，阿尔特马克号上已装了一路俘虏而来的300多名英国船员，舰长海因里希·道用猎鹰般的眼睛盯着他们，借此掩饰内心的恐惧——他在德国国内是有名的恐英派。12月7日，格拉夫·施佩号遇上蒸汽船施特里恩沙号，顺便将其击沉。这样，被格拉夫·施佩号击沉的盟军军舰已达9艘，吨数总计逾5万吨，令人惊讶的是竟然无一人死亡。

多里克星号货船罹难的电文被呈交至海军准将亨利·哈伍德那里，其时他统帅的G狩猎小组的4艘军舰分散在南美东海岸各处，最近的一个支援小组——航空母舰皇家方舟号和战列舰闻名号却在南非开普敦附近。老将军哈伍德好斗、率直，走到海图前仔细思量如何为格拉夫·施佩号布下天罗地网。方案是有不少，但哈伍德的直觉告诉他德舰将驶向普拉特河河口，因为那里是乌拉圭蒙得维的亚港与阿根廷布宜诺斯艾利斯港出大西洋必经之处。他率领麾下旗舰——轻型巡洋舰阿贾克斯号，悄悄来到蒙得维的亚港以东230英里处。12月10日清晨，新西兰轻型巡洋舰阿基利斯号加入战阵；两天后，重型巡洋舰埃克斯特号到达，战列组合成形。第四艘战舰——重型巡洋舰坎伯兰号在蒙得维的亚港以南1000英里的马尔维纳斯群岛进行整修。哈伍德已制订好作战方案，并电传通知埃克斯特号和阿基利斯号："目标一旦出现，立即发动攻击！"若格拉夫·施佩号白天出现，鉴于德舰的超强火力，哈伍德将把己方军舰分成两组，即两艘轻型巡洋舰为一组，重型巡洋舰为一组，分头攻击格拉夫·施佩号。12月12日，3艘巡洋舰组成的狩猎G组演习了作战方案，之后提高警惕等待黎明的到来。

从这幅在格拉夫·施佩号上拍的图片看到，英国货船阿什利号发生爆炸后激起高高的水柱（上图）；1939年10月7日，格拉夫·施佩号上派员占领阿什利号，安装好炸药后，与英货船船员坐上汽艇离开，众人目睹阿什利号徐徐沉没（下图）。

　第二天一早，太阳在早上5点56分就跳出了海平面，3艘英舰的12副望远镜扫遍海面，可惜找不到猎物的踪影。哈伍德不情愿地下令船员从作战岗位撤下来，继续保持一级警戒状态。德舰格拉夫·施佩号也同样紧张地观察着海面，不过他们在高高的瞭望塔上看到了另一

幅画面——先有两根"小针"露出来，再过一会儿，又多了4根，但3艘英舰的桅杆仍未露出来。格拉夫·施佩号顿时警铃大作，从睡梦中惊醒的船员匆忙奔向作战岗位。6时整，德舰已全面进入作战状态。3艘英舰高大的舰体隐约看得见，德军辨认出其中一艘为埃克斯特号。舰长朗斯多夫估计其余两艘可能是护航的驱逐舰。而事实证明，另两艘英舰才更有威胁，但朗斯多夫还是充满信心地全速向前迎战。

格拉夫·施佩号与英舰相比有几点优势：它可在单边舷侧发射4140磅重的炮弹，就火力而言是埃克斯特号的两倍，也相当于轻型巡洋舰的4倍；英舰上6英寸或8英寸大炮发射的炮弹不足以穿越格拉夫·施佩号5英寸厚的装甲，相反，德舰那11英寸火炮发射的炮弹则可轻易击穿巡洋舰单薄的装甲。不过格拉夫·施佩号的最大优势在于其舰炮射程比巡洋舰的要远，这是盲目自信的朗斯多夫没有想到的。若当时他能想到这一点，德舰完全可以待在英国巡洋舰射程以外的地方对其进行密集的火炮攻击，自己可毫发无损。格拉夫·施佩号舍弃了最优作战方式，开足马力以40多节的速度冲向英舰。其时，英舰已意识到危险所在，升起了舰旗。

6点18分，格拉夫·施佩号在离英舰约12英里的地方，也就是说在英舰射程以外的位置就开始发炮。但让哈伍德准将吃惊的是，德舰继续向前驶过来，进入他们可以还击的距离内。6点22分，英舰发炮还击；之后的 75 分钟内，作战双方共进行了 21 次交锋，炮声隆隆，震耳欲聋。哈伍德按计划把 3 艘英舰分成两组：轻型巡洋舰阿贾克斯号与阿基利斯号从北面包抄德舰；重型巡洋舰埃克斯特号则从南面进攻。朗斯多夫最初命令火力分成两股，向南北方向还击。随后他决定集中火力对付英国重型巡洋舰埃克斯特号。这个决定对于埃克斯特来说简直就是噩耗。片刻之间，一枚炮弹坠落在英舰舰头甲板上并迅速爆炸；另一枚击中舰桥，舰桥上的人员除贝尔舰长外不是被炸死就是受重伤。埃克斯特号受创后内部通信中断，船身失控，摇摇晃晃以 30 节的航速划着大大的 8 字形，但炮弹还是像雨点般洒下来。此时，埃克斯特号的一个炮塔已被击倒，船身中部燃起大火，一枚炸弹把吃水线位置炸开一个大洞。军舰满是浓浓烟雾，杂物东歪西倒，贝尔舰长摸索着穿过浓烟和杂物堆，终于到了船尾的紧急控制台。登上紧急控制台后，他让几个水兵组成人链，依次把他的口令向下传至船员那里。船员此刻，狂乱地与失去控制的方向舵进行搏斗，试图将其重新掌控。船尾的大炮仍在向德舰开火，但此时船身已向右舷倾斜 8 度左右，海水不断涌进船舱。舰长贝尔把心一横，想到除了与德舰同归于尽，别无他法。7 点 30 分，向埃克斯特号飞来的"弹雨"突然停了下来。

对于埃克斯特号船员来说，这暂时的"休战"绝非突然降临的奇迹，而是两艘轻型巡洋舰在另一边随机应变的成果。阿贾克斯号与阿基利斯号目睹友舰身受重创，它们打算从北边引开集中在埃克斯特号的炮火，不过因两艘英舰距离德舰尚远，发射的炮火都不奏效。"我们必须引开埃克斯特号的炮火！"哈伍德在阿贾克斯号高声发令，"我们不如投雪球打晕这头德国猛兽！"两艘英舰突然移至格拉夫·施佩号正面射程之内，并采取驱逐舰的战斗方式——一边发射鱼雷进攻，一边在如暴雨般的炮弹中左闪右避。两艘英舰的灵活战术开始见效，但仍不足以把格拉夫·施佩号置之死地。德舰 11 英寸大炮击中阿贾克斯号，舰上两个炮塔被炸掉。

英军反击火力之猛烈让朗斯多夫震惊。格拉夫·施佩号上的厨房被击中，淡水受污，吃水线上裂开一个 6 英尺 ×3 英尺大的弹孔，几门小口径火炮被炸飞，舰上多处受损并着火。格拉夫·施佩号上 37 名官兵阵亡，57 名受重伤，舰长朗斯多夫除受了脑震荡，脸部和手臂也受伤了。幸运的是，军舰的引擎和火力最猛的大炮还安然无恙，朗斯多夫直到这一刻才认识到自己事前低估了对手，他开始做最坏的打算。"阿贾克斯号和她的姊妹舰像驱逐舰一样进攻，"他事后解释道，"我以为他们要把我们赶到大军舰的炮口底下。"沮丧之下，朗斯

格拉夫·施佩号进行大修之际，舰长汉斯·朗斯多夫身着白色军服，为阵亡的士兵举行丧礼。

1939年12月14日，就在格拉夫·施佩号与英舰进行连续激战后的第二天，德舰在乌拉圭蒙得维的亚港找到暂时的避难所。

多夫终止战斗，转舵驶向蒙得维的亚港。

阿贾克斯号和阿基利斯号不紧不慢地跟在德舰后面。与此同时，贝尔舰长已重新控制住埃克斯特号，他向哈伍德报告说，埃克斯特号已停止进水，仍可继续航行。哈伍德命令埃克斯特号驶向马尔维纳斯群岛入港维修。他相信位于马尔维纳斯群岛的重型巡洋舰卡普兰号会留意到有关电文，必然已向北驶来支援埃克斯特号。埃克斯特号驶离刚才酣战不息的海域，沿着海岸航行，以便军舰随时靠岸。当天下午，贝尔舰长为4名军官和

47 名水兵举行了海葬。

格拉夫·施佩号终于驶进蒙得维的亚港了。朗斯多夫面对的是一场更难对付的角力，乌拉圭、阿根廷、英国、法国以及德国的代表就德舰的命运展开了外交斡旋。雷德尔和希特勒在柏林焦虑不安地等待消息，一点忙都帮不上。对于格拉夫·施佩号来说，蒙得维的亚港是中立水域，而根据《海牙宪章》，德舰可在港口停留至恢复航行能力之时，在此期间不得为投入战斗而重新进行武装。格拉夫·施佩号在 12 月 13 日午夜前在蒙得维的亚港下锚，朗斯多夫此刻极度疲惫，因他已在舰桥上待了逾 18 个小时。抵达蒙得维的亚港时他还只是披着件大衣，里面还是睡衣和毛衣，脚踏军靴。朗斯多夫首先得应付乌拉圭港口的检察官们，然后在凌晨 3 点半，以脸缠胶布、手挂吊带的"尊容"步下军舰，硬着头皮与闻讯前来的德国大使和乌拉圭外长见面。外交官告知朗斯多夫必须严格按照国际法行事，检查人员将在早晨上船查看损毁的情况。

两艘尾随而来的英国巡洋舰在海面上监视着，它们的燃料和武器已所剩无几了，显得有点孤立无援。即使英舰想有所行动，也不可能封锁普拉特河口，要知道这里有 100 英里宽。哈伍德深知若格拉夫·施佩号突然驶离港口，它极有可能甩开两艘英舰；而若双方在此再打起来，阿贾克斯号或阿基利斯号在战斗中幸存的概率不超过 30%。不过，他仍然命令两艘英舰停在离岸 3 英里

1939 年 12 月 17 日的黄昏，朗斯多夫几经考虑终于做出炸船的决定，爆炸过后，格拉夫·施佩号的碎片撒遍蒙得维的亚港。岸上有逾 50 万人目睹巨舰的末日，一位目击者用"巫婆的炼药大锅炉在海上炸开了"来形容这悲壮场面。

处(国际法规定的最近距离),随时戒备德舰的任何举动。

与哈伍德的看法相反,朗斯多夫觉得格拉夫·施佩号的前景一片黯淡。他认为格拉夫·施佩号大修后方可在冬季穿越北大西洋,因此他向乌拉圭提出需要两周时间在港口维修。乌拉圭方面检查过损坏情况后立刻准许

了德舰的请求。于是，格拉夫·施佩号的大修开始了，朗斯多夫随即释放了船上 61 名俘虏，把 50 名重伤的德国船员转送医院，并在海边为阵亡的士兵举行了葬礼。刚获释的英国货船船员也派员到场悼念。阵亡士兵的棺材被葬入墓穴的那一刻，朗斯多夫为他们敬了个曲臂式的传统军礼，而在场的同僚行的是直臂式的纳粹军礼，两者大相径庭。葬礼之后，他得知乌拉圭慑于同盟国的压力，只允许格拉夫·施佩号在港口停留 24 小时。这个消息不啻判处朗斯多夫死刑。

而此时，英军频繁发出电文，内容是有关调派军舰到普拉特河口堵截格拉夫·施佩号，但他们期盼接收者是格拉夫·施佩号，因为发出这些电文的唯一目的就在于蒙蔽德舰的官兵。这些假电文深深印在朗斯多夫手下的脑海里，以致每当他们看到远处有些模模糊糊的船影，都以为是前来封锁河口的英舰。根据下属的报告，朗斯多夫重新把可行方案逐一掂量——若格拉夫·施佩号强行冲向英舰的层层封锁（在朗斯多夫眼里英国军舰强大无比），这举动必将导致船毁人亡；或许他们可以驶向布宜诺斯艾利斯港，偏向德国政府的阿根廷政府可能会给他们提供庇护，但那边的河床较浅，河泥极有可

舰长朗斯多夫（右上图中伸手者）与下属相谈甚欢。在决定炸船后他已做好自杀的打算，朗斯多夫本想在船亡之际就了结生命，但他还是率领下属一道乘拖船，到布宜诺斯艾利斯请求庇护（中图）。

朗斯多夫自杀后，舰上众人列队抬棺下葬（右图），到场悼念的人员包括英国商船阿什利号的舰长，格拉夫·施佩号曾撞沉此舰，但朗斯多夫一如既往礼待这些俘虏。

能堵塞在船底的冷却水进水口，也许不到半路格拉夫·施佩号就会搁浅；德国人也可向乌拉圭政府请求收容，但柏林方面立即否决了这个提议，因为他们担心倾向盟军的乌拉圭政府终有一天会把格拉夫·施佩号移交给同盟国；最后一个不得已而为之的方案是炸沉格拉夫·施佩号。乌拉圭政府只给他们3天的修船期，12月17日晚8时就是最后期限，朗斯多夫终于做出决定：最后一个方案才是可行的。

身在阿贾克斯号上的哈伍德随时关注着蒙得维的亚港的动静，消息显示人员撤离德舰，大批官兵转移回码头和岸边的防浪堤上。刚被伦敦升为海军少将的哈伍德认为德国方面准备以只有最少人数的船员做最后一击，图个鱼死网破。于是他下令两艘英舰驶至离岸3英里处并进入一级戒备。

当天下午5时后，格拉夫·施佩号升起一面巨大的纳粹军旗，并起锚，在德国商船塔科马号的护航下缓缓驶出港口。快接近国际水域的时候，巨轮开始减速并在河道边的浅水处下锚。天渐渐黑下来，3次巨大的爆炸突然出现在两艘英国巡洋舰眼前。

炸船队向舰上的军火库发射鱼雷，格拉夫·施佩号随即燃起大火，阵阵浓烟伴随着惊天动地的爆炸声浪。朗斯多夫以及下属在商船塔科马号上目睹着这一切，格外神伤，英国巡洋舰上的官兵则齐声欢呼。

当天晚上，朗斯多夫等人溯河而上，来到布宜诺斯艾利斯请求庇护。12月19日的傍晚，朗斯多夫向下属做最后致辞："几天前，你们悲伤地向阵亡的同僚做最后告别。也许将来这一幕还会再次出现。"随后新闻记者上前采访他时，他以隐晦的话作答，"今天晚上没什么新闻好说，不过可能明天一早就有大事等着你们"。

回到住地后，朗斯多夫提笔写了一封长信给德国驻阿根廷大使，此人曾在前一阵子的外交斡旋中给予他们协助。朗斯多夫在信中写道："我从一开始就决心独立承担炸船带来的一切后果，"他进而解释道，"作为一名有强烈荣誉感的舰长，我与格拉夫·施佩号的命运密不可分，这是不言而喻的。如今我只能以一死来证明，第三帝国的战斗雄心将随时为捍卫军旗的荣誉而牺牲。"之后，他拿出一面旧德意志帝国海军军旗披在肩膀上，接着朝头部开了一枪。

炸沉格拉夫·施佩号的事件激怒了希特勒，尽管他公开支持朗斯多夫的决策，但私底下却向雷德尔挑明：德国军舰不能未经一战就沉下。雷德尔也因此提醒他的指挥官们——只要德国海军舰只与敌国作战，它必然是战斗至最后一刻，用雷德尔的话说即是"或是全体官兵众志成城夺取胜利；或是携着高高飘扬的战旗没入大海"。从两人的谈话看来，实际上希特勒已代海军写下战书，而海军很快就有大把机会应战。

海上
"巨无霸"

战列舰俾斯麦号是德国海军重整旗鼓的一面旗帜，它与姊妹舰提尔皮茨号一道成为欧洲国家有史以来最重型的军舰。光是设计俾斯麦号就用了4年的时间，在汉堡造船厂建造也花费了4年多的光阴，终于在1940年8月24日迎来其完工的日子，这艘体型巨大、装备先进的战列舰自此成为海军一员。

俾斯麦号宽118英尺，长792英尺，船幅少有的大。鉴于这种体型有可能大大减慢其航行速度，设计师在推动力方面下了功夫，整个推动系统由蒸汽涡轮机和单减速齿轮组成，可以产生136200匹马力。俾斯麦号最高航速达30节，为航速最快的战列舰之一，异常宽阔的船体为巨大的火力装置提供了一个稳定的发射平台。

俾斯麦号上有4个主炮塔，两个在船头，两个在船尾（名称分别为安东、布鲁诺、恺撒和多拉），每个炮塔配有两门15英寸的舰炮，射程逾20英里。3个控制台披上厚厚的装甲，借三维测距仪和安装在旋转炮塔上的雷达来掌控舰炮。次要的火力装备包括置于船侧的3个双炮塔，各安装5.9英寸的副炮、16门作防空之用的4.1英寸舰炮以及32门口径更小的炮。

俾斯麦号火力如此强大，设计师也确保军舰本身能够抵抗巨大的火炮打击。舰体装甲的重量超过舰载炮弹总重量的1/3，即50129吨左右，舰体的设计着重水底防护一环，特殊的设计使俾斯麦号可抵抗水雷、鱼雷和靠近弹的攻击。

从后面的剖面图可看出，俾斯麦号是个设备齐全的小社会，有足够的空间供2065名官兵与后勤人员居住，甲板下还有能容纳4架阿拉德型水上飞机的飞机棚、一个医务室、一间修鞋店和一个洗衣房。厨房冰库里装着300头牛肉和500头猪肉。

俾斯麦号以无与伦比的强大征服了观察家们。一位曾在舰上服役的年轻军官回忆道："俾斯麦号本身就是先进技术的结晶品。当我第一眼看到它，我非常肯定它能迎接任何挑战，而且在很长一段时间里它是毫无对手的。"

这幅图最明显不过地展现了俾斯麦号令人畏惧的外形。1941 年 5 月 21 日，俾斯麦号从挪威驶回德国，此图反映了这一幕。

俾斯麦号

剖面图

主要装甲带在图中以粗线标出

1. 特等军官舱
2. 储衣室
3. 小型蓄水池
4. 准尉军官行李间
5. 船舵
6. 转向装置舱
7. 准尉军官食堂
8. 转向马达舱
9. 螺旋桨
10. 上士军官起居室
11. 手动转向装置舱
12. 螺旋推进器机械轴
13. 油箱
14. 准尉军官住舱区及食堂
15. 上士军官住舱区及食堂
16. 15英寸弹药仓
17. 一对口径为15英寸的炮
18. 多拉炮塔
19. 15英寸炮塔的机械操控平台
20. 炮弹起重机
21. 15英寸炮弹储存间
22. 一对口径为15英寸的舰炮
23. 恺撒炮塔
24. 5.9英寸舰炮控制室
25. 37毫米机关炮（共16门）
26. 20毫米机关炮（共16门）
27. 司令和舰长特等舱
28. 通风管
29. 中央引擎室
30. 尾部火力控制室
31. 尾部15英寸主炮测距仪
32. 4.1英寸口径的双联装炮
33. 军官起居室
34. 4.1英寸弹药筒
35. 探照灯控制室
36. 阿拉德196侦察机
37. 5.9英寸的双联装炮（共12门）
38. 主桅杆
39. 舰长的动力汽艇
40. 涡轮室
41. 机械修理间
42. 飞机弹射器
43. 飞机吊臂
44. 探照灯
45. 烟囱
46. 蒸汽出风口
47. 蒸汽室
48. 进气口天窗

（共16门）

主要装甲带在图中以粗线标出

49. 前桅
50. 前桅楼测距仪
51. 前桅火炮控制室
52. 探照灯
53. 司令舰楼
54. 配雷达的测距仪
55. 海图室
56. 辅助机械室
57. 中央损坏控制室
58. 指挥塔
59. 医务室
60. 高射炮维修间
61. 前部火力计算室
62. 冰库机械室

63. 布鲁诺炮塔
64. 15英寸主炮，其炮口最大可向上提升30度
65. 主军服室
66. 露天炮塔围上厚厚的圆柱形装甲
67. 安东炮塔
68. 船员驻地以及就餐处
69. 船锚绞盘的机械室
70. 水手长的储物间
71. 换油泵和歧管
72. 杂物间
73. 绞盘
74. 绞盘链条储存间

75. 油箱
76. 帆布储存间
77. 绳索储存间
78. 右舷船锚
79. 船首后备锚
80. 主甲板
81. 炮兵连甲板
82. 中间甲板
83. 上部平台甲板
84. 中部平台甲板
85. 下部平台甲板
86. 扫雷管

2. 诡计多端的秘密军事行动

第二次世界大战爆发6周后的1939年10月17日午前，由6艘德国驱逐舰组成的战斗编队从北海边上的威廉港出发，驶向英国海岸。为欺骗头顶上不时掠过的英国侦察机，巡洋舰编队故意向北驶去。夜幕降临之际，英国进行空中侦察的可能性大大降低，德舰突然向西驶去，直指英国东海岸的亨伯河口，距离始发港约250海里。德国人以38节全速在夜色中悄悄向西进发，终于抵达亨伯河口和维瑟恩西灯塔之间的水域。这一带是货船驶向繁忙商港赫尔港的必经之路，可称得上是当时世界上最繁忙的货运水道之一。德国人在午夜过后悄悄到来，船员在黑暗中迅速而秘密地做准备，舰上不透出一丝灯光，以免暴露行踪。

威廉·海德坎普号是秘密编队其中的一艘驱逐舰，它的任务是负责警戒，其余5艘趁机抛出致命的货物。各艘舰的后甲板上都有水兵把水雷从弹药库里搬运到甲板上。这种颜色深黑、体型硕大的水雷极具攻击性，雷体高度与搬运它们的水兵相若。水兵们把这些庞然大物从舰尾的斜板上推下去，水雷一个接一个"隆隆"滚下斜板，从船尾"跳"入海水中。6艘舰"卸"完"货物"后，立即掉头返航。这次行动神不知鬼不觉地完成了，

1940年4月6日，重型巡洋舰希佩尔号从临北海的库克斯港口出发，兵发挪威。开拔之前，船员在军舰上看着德国山地步兵登船。出发前，港口所在的威悉河封航，以免入侵行动走漏风声。

59

德国的二战海图——世界范围的侵犯

德舰克里吉施号首先在英国东海岸布雷拉开了战争序幕（见右上图），而在入侵挪威和丹麦期间，它们也在挪威港口附近布雷（见左下图）。德国的大型军舰穿过英国海军的海上警戒线，经常直达北大西洋来攻击盟军的护航队，之后退回到彼时已落入德国手中的法国港口。德国把装备精良的军舰伪装成商船，不时在海上突袭。为寻找盟军船只，德舰游弋的范围一般在南美洲的东海岸及非洲的西海岸，最远至印度洋和南太平洋。

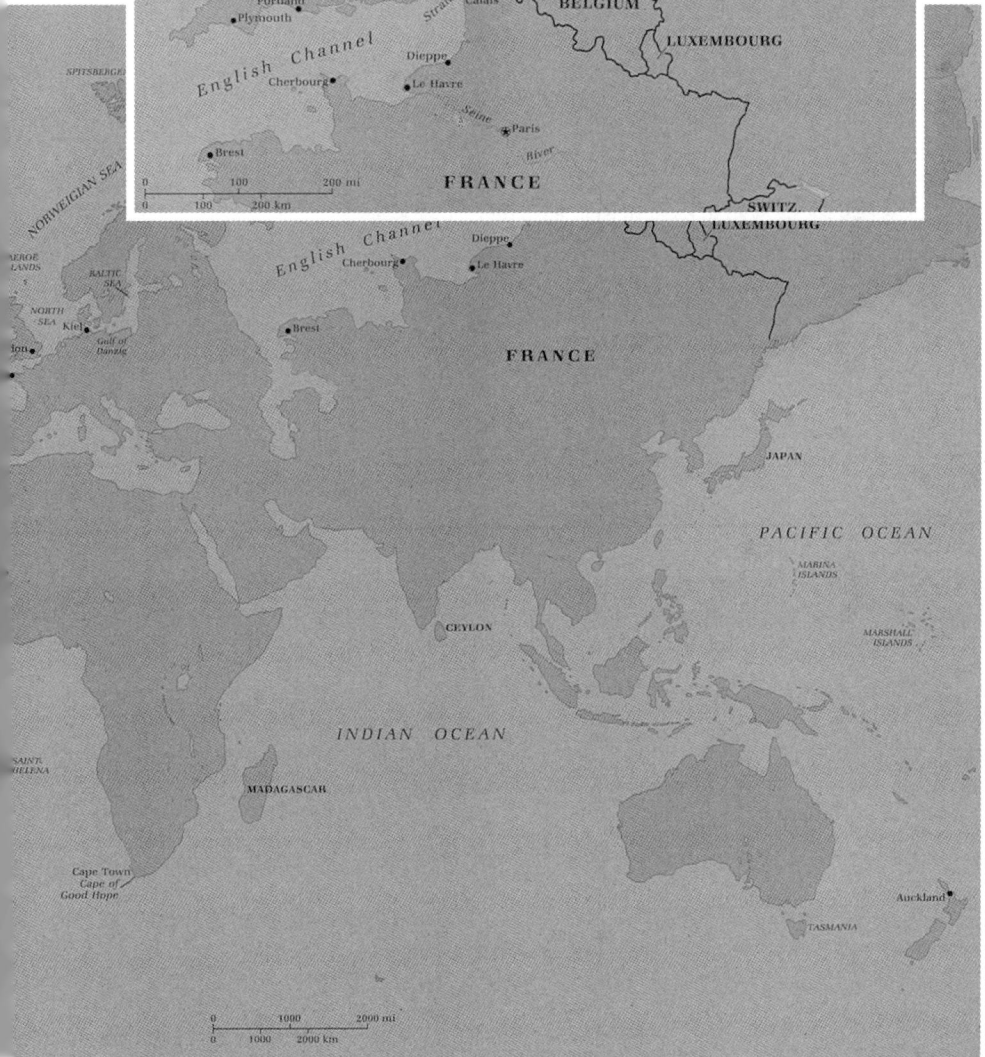
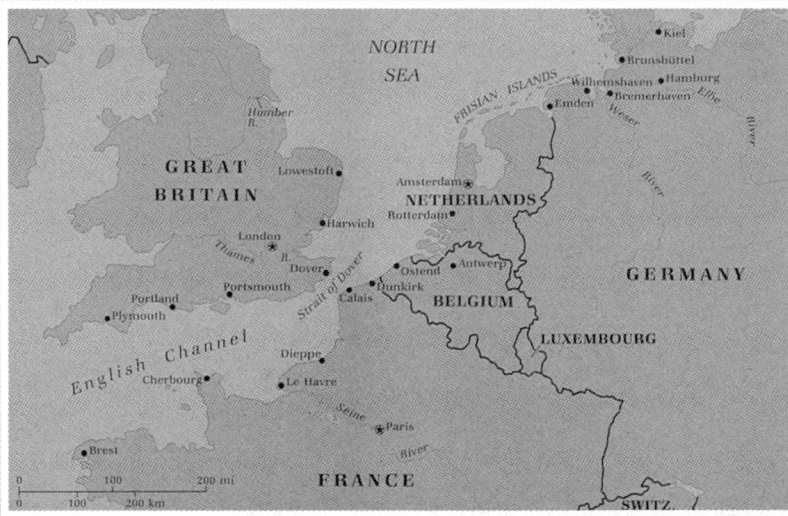

以至于英军都不知道有批不速之客曾登门拜访。4 天后，惊天动地的爆炸声重重地震醒了英军。10 月 22 日，在德国海军布下的近 300 英里海上地雷阵中，一艘吨位为 1692 吨的蒸汽货船触雷爆炸，成为第一个牺牲品。最终，德国巡洋舰一夜布下的地雷阵导致吨位总计 2.6 万吨的 7 艘船触雷爆炸沉没。

这次秘密出击只是德国"布雷行动"的一个缩影，极其依赖海上交通的英国经济因此蒙受重大打击。尽管布雷行动没有大型军舰在公海上横冲直撞那般令人惊心动魄，但无疑也给英国皇家海军带来极大的麻烦。布雷行动之后，德国又展开一系列的出击，如袭击商船和入侵挪威等，全部水面舰只都为此动员起来，从驱逐舰到战列舰，无一例外。在一年半时间内，德国海军司令雷德尔麾下的小型舰队取得了一连串的胜利，他的大胆战术一次又一次被证明行之有效。

英国海域的布雷行动其中一个关键是德军的新发明——磁性水雷。磁性水雷与传统的接触型水雷有所不同，接触型水雷必须在军舰碰到突出的引信后才能触发爆炸；磁性水雷只需被放置在钢壳军舰的活动水域，当与钢铁形成的磁场接触时就会触发而引爆。磁性水雷在浅水中引爆效果最好，英国的出海口就成为布雷的最佳位置，那里水深极少超过 90 英尺。磁雷还有一个优势——传统的扫雷技术对其束手无策。一般来说，接触型水雷都是用钢索系着铁锚使水雷在水中悬浮，针对这一点，传统扫雷技术利用一把类似锯条的扫雷索把水雷的钢索割断，在水雷浮上水面时，扫雷舰艇可用枪炮射击浮在水面的水雷，使其爆炸。而磁性水雷一般是放置在水底，普通的扫雷器对它无可奈何。

U 型潜艇担当了首次布置磁性水雷的任务。他们悄无声息地潜到英国港口及出海口的航道上，用鱼雷发射管布下一个又一个的磁性水雷，然后再悄悄返回德国港口。而接触型水雷一般由驱逐舰放置，他们沿着德国海岸布下众多的水雷，组成防御英舰进攻的警戒线。俗称"西墙"的德国水雷防御线绵延 150 英里，从荷兰海岸伸展至斯卡格拉克，即丹麦和挪威之间的北海海域。

后来，德国舰队的 22 艘驱逐舰取代 U 型潜艇，承担往英国水域布雷的任务。一艘驱逐舰可以装载 10 倍于 U 型潜艇的磁性水雷，且驱逐舰航行速度也比较快，它们可以在夜幕降临的时候抵达英国出海口布雷，翌日黎明到来之前驱逐舰就可回到德国。另外驱逐舰还具有强劲的武器——4 具鱼雷发射管和 5 门 5 英寸的舰炮，若一旦被英国军舰发现也可随时还击。

进入 11 月，开始日短夜长。德国人在浓浓夜幕的保护下，开展更为频繁的布雷行动。此时他们的主攻目标是有着广阔河口的泰晤士河。泰晤士河河口不但宽广，而且运河交错，沙洲密布，中间还点缀着灯塔船和浮标，货船繁忙往来。总之，对于任何一艘前来布雷的驱逐舰来说，前往泰晤士河绝对是一次恐怖的行动。

　　然而，没有高风险何来高回报呢？11 月 12 日晚，驱逐舰赫尔曼·金内号和其余两艘驱逐舰在泰晤士河布下 288 颗磁性水雷。英国的一艘驱逐舰触雷沉没，造成出海口处 3 条深水运河中两条交通大堵塞。11 月 17 日晚，赫尔曼·金内号与另两艘驱逐舰重临故地，在另一条深水运河布下 180 颗磁性水雷。翌日晚上，3 艘驱逐舰再次来到交通繁忙的亨伯河口。这次德舰往河的北部纵深处布雷，7 艘商船成为磁性水雷的牺牲品。几天之后的一个晚上，英国驱逐舰吉卜赛号在泰晤士河出海口北岸附近的哈尔威奇触雷沉没。

　　就在家门口竟然遭受这么大的损失，英国人立即目瞪口呆，因为众人皆知皇家舰队是如何的不可一世。磁性水雷对他们的航运造成很大破坏，U 型潜艇虽自夸在大西洋追踪商船战果显著，但效果实际上还不如磁性水雷阵。单单 11 月一个月，德国驱逐舰布下的磁性水雷阵就炸掉 23 艘舰船。英国人拿磁性水雷来做实验分析，他们把这叫作"地雷"。英国人的实验结论是磁性水雷是造成舰船连番爆炸的主要因素，但他们不知道这些鬼东西是从哪里来的。他们认为既然没有发现水面船只进犯，那么这些磁性水雷大多由 U 型潜艇布下，因此英国人并没有对驱逐舰布雷的可能性加以防范。"一种新而可怕的危险正威胁着我们的生命，"温斯顿·丘吉尔后来写道，"当时人们似乎还没有完全意识到大型水雷给我们带来的骇人损害。"而丘吉尔的对手希特勒，对英国丝毫没有察觉驱逐舰的布雷行动非常得意，他甚至在一次演讲中夸下海口："德国海军已在北海横扫英国佬！"

当然，德国海军从来没有在北海称雄，北海仍然挤满英国的潜艇和水面舰艇。雷德尔和同僚认为布雷行动还是充满危险的，因此每次驱逐舰往英国水域布雷时，他们都仔细安排巡洋舰在斯卡格拉克海峡附近待命，等驱逐舰胜利归来时就给驱逐舰护航，结伴返回德国军港。这种做法与以往安排刚好相反，因为一般是驱逐舰给巡洋舰或其他大型战舰护航。事实上，这种反常做法真的导致了随后发生的极令德国人痛苦的事件。

那是 12 月 13 日早上出的岔子。当时德国 3 艘巡洋舰——莱普齐甘号、尼恩贝格号和克伦号巡航至斯卡格拉克海峡，等待 5 艘驱逐舰的归来。这 5 艘驱逐舰去了英国的重要商港纽卡斯尔布雷，出击的效果非常显著——磁性水雷造成逾 11 艘商船沉没。不过，5 艘驱逐舰到中午时分仍未得胜归来，距离会合地点尚有 130 英里远。他们先遇上引擎起火的麻烦，后又被德机误认为英国驱逐舰而受攻击。

巡洋舰上的全体船员在会合地点等得心焦如焚。他们的忧心不无道理，因为根据通常的做法，他们出航都有驱逐舰或高速鱼雷艇护航，这类舰艇对付潜艇的攻击最有效不过了。但如今驱逐舰不是去布雷就是在军港维修或改装。一言蔽之，巡洋舰在此孤单等候，无所依靠。

11 时 30 分左右，巡洋舰突然受到英国潜艇萨蒙号的袭击。萨蒙号此次出巡可谓战果丰硕，9 天前，它竟然用鱼雷击沉了德国的 U－36 潜艇，这是非常少有的；前一天，它埋伏在此阻截吨位为 5.1 万吨的德国巨型客轮布雷门号，但巨轮的"保镖"道尼尔－18 飞机逼着萨蒙号急速潜航逃走。如今在同一地点，萨蒙号盯上了 3 艘德国巡洋舰，悄悄瞄准后连发了 6 枚鱼雷。

一枚鱼雷打中莱普齐甘号的中部，炸开了它的锅炉房。另两艘巡洋舰急速转舵，企图仅以船首迎接鱼雷，降低击中的可能性。但尼恩贝格号还是没逃过，一枚鱼雷击中其舰首右舷。下午，去布雷的 5 艘驱逐舰有 3 艘赶回会合地点，护送着两艘一瘸一拐的巡洋舰返回军港。翌日，数艘鱼雷艇返回出事地点，陪伴受重伤的莱普齐甘号返回。尽管如此，德国的大型军舰还算不上脱离险境。它们快到易北河河口时，突遭英国潜艇厄休拉号的攻击，这片浅水海域对于潜艇来说是非常危险的。英国潜艇的大胆进攻还是有用的，一枚鱼雷击沉德国的一艘鱼雷艇，艇上数人侥幸生还。经此一役，尼恩贝格号在干船坞里大修了近 5 个月；莱普齐甘号受伤太重，在大修一年半后也只能作为训练船服役。

随后，这种巡洋舰给驱逐舰护航的反常做法受到雷德尔的大声谴责，称之为"不适宜也是错误的"，且代价沉重。尽管如此，雷德尔仍想继续扩大布雷计划，但前方等待他们的是更大的挫败。德国海军的实验显示，磁性水雷不仅可通过驱逐舰和 U 型潜艇投掷，还可由飞机以小降落伞的方式投掷。鉴于磁性水雷阵成效大，雷德尔敦促德国空军司令戈林共同开展空中布雷。虽是满心不情愿，戈林还是给海军借出了几架过时的亨克尔 - 59 型水上飞机，每架飞机可装载两枚磁性水雷。

最初两次空中布雷相当见效，但第三次就不妙了。11 月 22 日晚上，一架亨克尔飞机低飞至泰晤士河出海口上方，但它并没有把磁性雷投到河道上而是投到了泥沼里。磁性水雷落下的位置恰巧离皇家海军的工厂不远，两个军火专家迅速来到该位置，镇定地去掉了磁性水雷的雷管。磁性水雷的秘密就这样完全暴露给英国人，这正是英国人求之不得的。寥寥几天内，英国的工程师们就想出了对付磁性水雷的妙方。英舰船体装甲的磁性被巧妙地消除了，专家们还研究出一种能在舰艇的舷侧发出人造磁场的装置，凭借这种新装置，英舰不但可以探出磁雷阵所在的位置，还可在安全的距离内引爆磁雷。

德国空军的"帮倒忙"加深了雷德尔一向以来对戈林及其所领导的空军的积怨。两个月后，海空军之间一个严重的沟通误会使得双方裂痕进一步扩大。1940 年 2 月 22 日晚上，6 艘驱逐舰航行至"西墙"区域内一条布满水雷的运河，发现聚在该水域的几艘英国拖网船甚为可疑，于是进行追踪。谁知德舰就在那 6 英里宽的运河上突然受到空袭，原来一架亨克尔 - 111 误把它们当作英舰。莱贝雷希特·马斯号巡洋舰因此沉没，另一艘巡洋舰马克斯·舒尔茨号也因突然转向而触雷，步莱贝雷希特·马斯号后尘而沉入大海。两艘巡洋舰上共有578名官兵沦为冤死鬼。

海军对这起悲剧也有部分责任，因为德国空军事前已通知海军总部，称当天晚上会有一次针对英国舰只的空中轰炸行动，但海军未能及时向在该海域巡逻的巡洋舰发出警告，且没有向空军反映德国海军在该海域也有一个打击英舰的行动。这件悲剧背后隐藏着的是海空军之间严重缺乏沟通。雷德尔其后说道："如此沉痛的教训证明，海空作战没有统一指挥是多么愚蠢。"

尽管海军作战一直缺乏空军的支持，德国海军还是在确保安全、高效的前提下取得了惊人战绩。截至1940年2月10日的4个月里，驱逐舰小舰队一共执行了11次布雷行动，没有一艘军舰受损。他们大约投下了1800颗水雷，导致吨位总计252237吨的67艘商船、3艘英国驱逐舰和6艘舰艇沉入大海。另外，德国的海上地雷阵也迫使英国改变舰只的航线。

当年的冬天，雷德尔最终还是终止了布雷行动。有几个原因促使他做出这个决定，一是频繁的特大风暴不宜让驱逐舰出海；二是春夏季日长夜短，夜幕保护失灵；第三个原因也是最重要的一个原因，是德国的所有舰只将参加德国海军史上有数的冒险行动——海上入侵挪威。

雷德尔对挪威一直保持密切关注，且经常敦促希

德国鱼雷艇执行布雷任务前，水雷工程师们在艇上安装一列8颗的触发型水雷。每个水雷内装330磅的炸药。

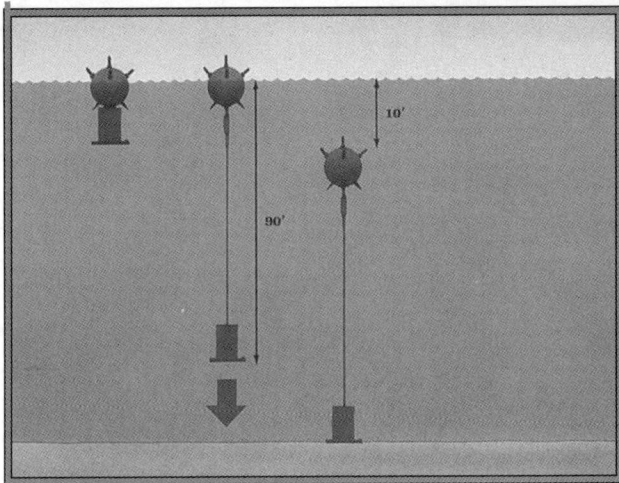

触发型水雷一头连着底座（锚），中间盘绕着钢索。水雷被投到海中后，底座下沉，钢索松开，水雷就会在钢索牵引下在水下按照预定的深度漂浮（左图）。

特勒要考虑这个国家的战略重要性。德国从瑞典进口的铁矿石中的1/3须从瑞典用铁路运送至挪威纳尔维克港，之后用驳船通过一条位于挪威大陆和离岸群岛之间的深水运河，再转运至在码头上等候的德国铁矿船。雷德尔向希特勒指出，英国人极有可能对挪威有所图谋，以切断德国的铁矿石供应线。按雷德尔的分析，英国人会在深水运河布雷或直接占领挪威纳尔维克港，借此中转港口，向芬兰运送救援物品。雷德尔极力主张入侵挪威，意图不仅在于保护德国的金属供应生命线，还在于海军觊觎挪威的优良海港。若德国把那些海港据为己有的话，德国的潜艇和水面舰只就可避开英国日益严密的海上封锁线，绕道大西洋攻击英国航运。

　　此时希特勒的所有心思都放在如何占领法国等低地国家上，因此只要挪威继续保持中立并准许德国运矿船出入该国海域，他还是想把挪威放一放。过了不久，希特勒越来越感到雷德尔所言甚是。后来发生的一件事情——英国在挪威港口袭击德国船只，最终让希特勒下定决心。英国当时攻击的目标是补给舰阿尔特马克号，因他们得知这艘补给舰上关了不少的英国俘虏。阿尔特马克号与格拉夫·施佩号告别后从南大西洋巡航回国，途经挪威约辛海湾稍作停留。2月16日晚上，英国驱逐舰科萨克号驶进海湾，派了一支全副武装的突击队强行冲上阿尔特马克号。德英双方在舰上展开了赤手空拳

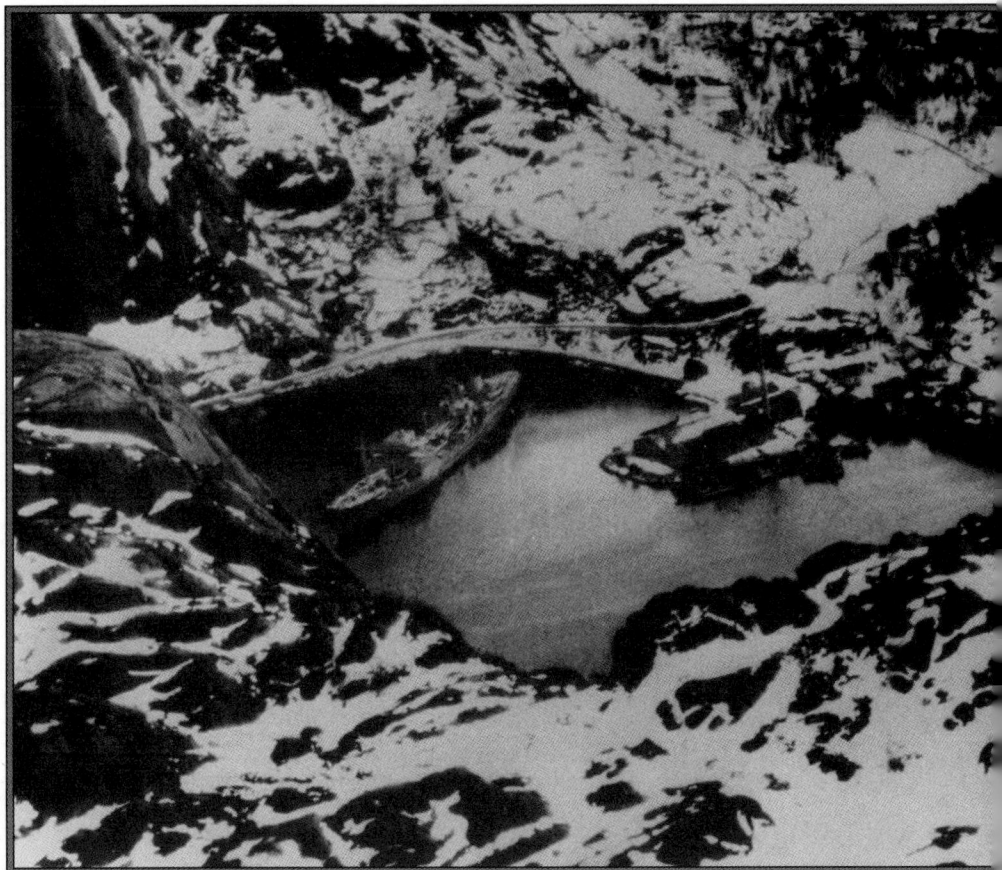

的搏斗，7 名德军在搏斗中丧生，突击队如愿以偿地解救了 299 名英国人。在德国人看来，这次事件简直是奇耻大辱，是对挪威中立国地位的莫大讽刺。挪威仅就此事件向伦敦提出温和的抗议，希特勒终于决心吃掉挪威。

3 月 1 日，希特勒批准了名为"威悉河演习"的入侵挪威方案，名字取自德国的威悉河。由于戈林也看中了丹麦的飞机场，因此此方案把丹麦也纳为入侵目标。

一幅由英国侦察机所拍的照片显示，德国补给舰阿尔特马克号在挪威港口下锚。盟军的驱逐舰科萨克号得知其隐藏位置后，在一个漆黑的夜晚冒险突击阿尔特马克号，成功救出舰上的英国俘虏。

按照入侵方案，德国海空军将联合作战，一举夺下丹麦首都哥本哈根和挪威纳尔维克港等 11 个港口，战线绵延 1000 英里，北至北极圈。根据雷德尔的提议，"威悉河演习"将在新月的日子展开，以确保夜幕掩护海军调动，因此 4 月初是最好的日子，那时德国波罗的海沿岸的港口已破冰。

极少国家敢如此冒险地为一场战争投入这么多的海军，雷德尔差不多把德国可动用的船只全部动员起来了——总计 370 艘舰船，从大型军舰到商船以及扫雷艇，无所不包。雷德尔当然不会把所有军力投入进攻，他安排袖珍战列舰沙恩霍斯特和格奈泽瑙号以及一些 U 型潜艇为本次入侵护航，以防英国的干扰。11 支舰船编队就此组成，每支编队成员包括巡洋舰、驱逐舰以及小型舰艇，于是逾 10 万德国士兵浩浩荡荡地乘着这些军舰开往斯堪的纳维亚港口。

根据作战安排，部分舰队须穿越狭窄的峡湾抵达挪威港口，挪威在峡湾两旁都安置了强大火力的岸炮；进入北极圈作战的德国舰队须远征 2000 多英里，整个航程有可能遭到挪威海军以及英国皇家空军的袭击。雷德尔在一份呈交给希特勒的报告中承认，这个作战计划简直就像是一场赌博，"它与海战的所有正统理论都背道而驰。"雷德尔的副手罗尔夫·卡尔斯中将悲观地预测海军此行将减员一半。

"兵马未动，粮草先行。"入侵军的先行部队补给

舰和油轮于 4 月 3 日驶离德国海军基地，攻击舰艇 3 天后也出发了。正如作战安排所计划的，德国入侵军于 4 月 9 日登陆挪威。有些岸上战斗出人意料的顺利，德军迅速占领了挪威西南港口城市卑尔根，只有轻型巡洋舰柯尼希斯贝格号中了挪威的 3 发岸炮炮弹，动力系统和操纵系统有些许损坏；挪威南部港市克里斯蒂安桑也很快落入德军手中，德国的一个亨克尔-111 型轰炸机中队炸毁了挪威海岸炮台。北线上，德军舰队在挪威南部港市特隆赫姆以外海域遇到了麻烦：重型巡洋舰希佩尔号在此刚好与英国驱逐舰萤火虫号相遇。不过这一切尽

英国驱逐舰萤火虫号与德国重型巡洋舰希佩尔号在挪威海域相遇，这场实力悬殊的恶战结果可想而知。图前景印着纳粹万字记号处是希佩尔号的船头甲板，远处冒烟处为英舰萤火虫号，德国人以为英舰必沉无疑，谁知英勇的萤火虫带着浓烟，掉头向希佩尔号撞来。

在雷德尔的计算之中，他早已预料到德舰会在挪威北部海域碰上执行布雷任务的英国军舰。希佩尔号体积比英舰要大 10 倍，舰上 8 英寸口径的大炮一下就把小萤火虫"捏"死。不过，受到猛烈火炮攻击的小萤火虫心想既然无路可逃，不如与德舰同归于尽。英舰于是猛地掉头撞向希佩尔号，德舰厚厚的装甲顿时给撞开个 120 英尺长的裂缝。尽管希佩尔号受了点"轻伤"，德军还是把沉没的萤火虫号上的英国海军官兵救起，之后就朝着特隆赫姆港进发。4 月 9 日，希佩尔号率领 4 艘驱逐舰进入港口，他们亮起英国海军的莫尔斯闪光信号灯，蒙蔽了挪威人一把。德军闪电般夺取了特隆赫姆港，他们在这里只遇到海岸炮兵的零星反抗。

不过，夺取奥斯陆的战役却异常艰难。德军趁黎明前的黑暗，由重型巡洋舰布吕歇尔号开路，16 艘大小战舰随后，开进了 60 英里长的奥斯陆峡湾。布吕歇尔号新近才下水，舰上不但载着陆军，还有大小文官，他们将接管沦陷后的挪威政府。德军对夺取挪威首都一役志在必得，他们甚至连文具也一并运来。当这个具有典型条顿骑士军团效率的闪电战军团到达离奥斯陆 18 英里处时，峡湾变得非常狭窄，两岸之间连 900 码都不到。峡湾左边是卡霍门岛，岛上有火力强劲的奥斯卡贝格炮台，11 英寸口径的大炮此刻正等着来送死的德国入侵军；峡湾右边的大陆上有另一个炮兵连，配备的强力探照灯没过多久就发现了布吕歇尔号。"突然，天空响起一道惊雷般的咆哮，"布吕歇尔号舰长屈特·策普夫尔后来回忆道，"接着大炮的亮光划过黑暗，我同时看见3道炮火向我们飞来。顷刻间，我们被两边炮火同时攻击，大炮仿佛就在500码开外的地方。军舰数处起火。"

布吕歇尔号舷边很快就中了几枚炮弹，紧随布吕歇尔号的是袖珍战列舰吕措号。吕措号原名德意志号，改名的因由在于希特勒担心这艘以国名命名的军舰一旦给敌人击沉，德国人士气将受到重大打击。面对迎面而来的炮弹，吕措号迅速后退，驶出挪威大炮的射程，舰首炮塔略微损坏了一点。布吕歇尔号却没有那么幸运，由于舰上操控系统被毁，它只能完全暴露于挪威的枪林弹雨之中。舰尾沦为人间炼狱，四处是炮弹爆炸声和油料燃烧的"噼啪"声，人们争先恐后朝军舰的前方涌去。此时，隐藏在峡湾的鱼雷发射管向布吕歇尔号连发两枚鱼雷，彻底摧毁了军舰的轮机舱。两个小时过后，布吕歇尔号侧倾沉没，泄出的油料在海上燃起大火。约1000人阵亡——他们或是在军舰上给炸死，或是掉到海里给烧死。不过，此次悲剧中仍有1300多人幸存，大部分都是陆军，因为布吕歇尔号的水手把救生衣让给了他们。水手们早就知道舰上救生衣不足，他们宁可把生存的机会留给了别人，自己却随着布吕歇尔号沉入大海。

纵是遭此重创，德军当天还是拿下了奥斯陆。吕措号率余下的战舰退回至峡湾处，放陆军上岸。随后，陆

德国重型巡洋舰布吕歇尔号在奥斯陆峡湾遭遇挪威炮火攻击，船身倾覆并起火（上图）。攻占奥斯陆后，德国人为布吕歇尔号阵亡的官兵竖了一个纪念碑（下图），碑文称他们"为元首和祖国"而捐躯。

军迅速摧毁峡湾两边的炮台，之后直捣奥斯陆。与此同时，以空降兵为先遣队的德国空军也夺取了奥斯陆机场。就这样，挪威首都各重要政府机关就成了德国军队的囊中之物。

夺取挪威后，海军面对的是与时间竞赛，迅速撤

离回国，不然英国有可能把他们都堵死在挪威各个出海峡湾。希佩尔号就是立即返回的军舰之一，它们于4月9日从特隆赫姆港出发，恰好躲过一支英国舰队的堵截。这支英国舰队由3艘战列舰、1艘航空母舰以及3艘重型巡洋舰组成，战斗力非常强大。为整个作战编队护航的沙恩霍斯特号和格奈泽瑙号回国时刚好碰上恶劣天气，因此幸运地躲过了英国皇家空军逾

德国占领挪威首都后，好奇的挪威百姓眼巴巴地瞧着德国舰只停泊在奥斯陆港（背景建筑物为奥斯陆市政厅）。一些挪威人镇静地接受了德军入侵的事实，但一个活跃的地下反抗组织在"二战"期间

36 架轰炸机的追击。

其余战舰就背运多了。柯尼希斯贝格号侵略挪威时不幸受损，它还来不及撤离卑尔根港，就受到了英国空军的 7 次俯冲式轰炸，成为被英国空军炸沉的第一艘大型战舰。另一艘旧式 K 级巡洋舰卡尔斯鲁厄号，自挪威港口克里斯蒂安桑归国的途中，被英国潜艇特鲁安特号的鱼雷击沉。为避开英国的截击，袖珍战列舰吕措号精心选择了最短的返航路线。它从奥斯陆出发，取道最近又最安全的斯卡格拉克海峡东边，但它还是未能逃过英国潜艇箭鱼号的鱼雷。吕措号受此重击后，不得不由拖船拖回港口。之后的一年里，吕措号乖乖地待在港口里进行大修。

在挪威北部港口城市纳尔维克，德国海军受到了入侵以来最沉重的打击。海军战斗队司令保罗·弗里得里克·本特率领 10 艘驱逐舰组成的海上战斗队登陆港口，地面部队如期上岸。随后他要做的事就是率领军舰尽快回国。但"心急吃不了热豆腐"，先是油料短缺耽搁了归程；后来，原定有 3 艘油轮来给他们补充油料，结果只来了一艘——挪威的岸炮击沉了一艘，大浪也阻碍了另一艘。4 月 10 日早晨，本特麾下的 10 艘军舰仍没离开纳尔维克附近的海域，其中 5 艘停在港口。

当天拂晓时分，英国第二海上战斗舰队的 5 艘驱逐舰经过韦斯特峡湾，悄悄地靠近纳尔维克港，趁着浓雾以及纷纷扬扬的大雪等待有利时机。英舰巧妙地避过了

对侵挪德军营地进行了不屈不挠的反占领活动。

U 型潜艇组成的防护链，开进了港口。此时，德军仍在呼呼大睡，一阵突如其来的枪炮声惊扰了他们的梦乡。德国舰队旗舰威廉·海德坎普号的警报刚响起就中了一枚鱼雷，船尾被炸开，舰队指挥官本特以及参谋们当即阵亡。两枚鱼雷把驱逐舰安东·施米特号炸成两半，另两艘驱逐舰勒德号和吕德曼号也被炮火重击。不到一个小时的突袭以英军大胜告终，港口内德舰沉没者有之，浮浮沉沉者有之。英舰退回峡湾时顺道又击沉了泊在港口里的 6 艘德国商船。

躲回峡湾处的英舰正庆幸此次偷袭大获全胜，并且毫发无损，谁知末日已悄悄降临到它们的头上。停泊在港口外的小峡湾处尚有 5 艘德国巡洋舰，它们来为同僚复仇。5 艘德舰分为两路，2 艘在前 3 艘在后夹攻英舰，交替发射炮弹和鱼雷。密集炮火之下，尚未从胜利中冷静下来的英国海军战斗队被打懵了，旗舰哈迪号以及另一艘巡洋舰被击沉，哈迪号上的英国舰队指挥官沃伯顿·李继两小时前德国海军战斗队司令本特而阵亡。

3 艘在德军突袭后幸存下来的英舰，趁着暴风雪的掩护缓缓驶离峡湾。其中一艘受损英舰哈沃克号离开纳尔维克时刚好碰上德国货船保恩费尔斯号，它为德军运送弹药，结果哈沃克号的高爆炮弹把这艘德国货船炸了个稀烂。英舰驶至韦斯特峡湾处，需要经过德国的 U 型潜艇链。U‑25 号和 U‑51 号潜艇先前的疏忽铸成大错，这回它们可不手软。两艘潜艇连发了几枚鱼雷，但鱼雷在半路就提前爆炸了。诸如此类的事在德国侵挪一役中数不胜数。

德国海军在纳尔维克港所遭的严厉反击还只是开始。3 天后，英国海军重临这里，来的是一支更为庞大的战斗舰队——9 艘驱逐舰以及一艘 3.6 万吨的战列舰沃斯拜特号。随着一架箭鱼式海上飞机从沃斯拜特号弹射上空，英国人浩浩荡荡开进纳尔维克港，炮声大作。英舰首先发现驱逐舰埃里希·克尔纳号。克尔纳号在英国海军先前一次偷袭当中已严重受损，躲在一条小峡湾里，英舰立即将其炸成碎片。旗开得胜后，英国舰队继续向前搜索，把德国其余 7 艘舰只一艘接一艘地炸沉。德舰唯有靠蛛网似的峡湾水道逃跑，英国人在后面穷追不舍。

至当天中午，港口里的德舰仅剩下最后一艘驱逐舰格奥尔格·蒂勒号在负隅顽抗。蒂勒号被英舰堵在鲁默伯根峡湾，武器也只剩下两枚鱼雷——第一枚鱼雷发射错误，打在岩石上；第二枚鱼雷打中英国驱逐舰爱斯基摩号的船首。蒂勒号的最后一击就此结束了，舰长决定放弃战斗，并命令船员弃船撤离上岸。至当天傍晚，德国舰队 4 天前尚载着大军雄赳赳地开赴纳尔维克港，而今只剩下一堆废铁。

在德国人心中，纳尔维克港一役是英雄式的惨败，他们还颁发了特殊勋章来纪念此事。德国海军在纳尔维克港与英国海军的两次战斗，唯一的好处是德军在纳尔维克港区域的地面部队增员了。纳尔维克战区陆军司令爱德华·迪特尔将军把逾 2000 名幸存海军收编起来，组成一支步兵旅。当时德军的确亟需这批由海军转为陆军的救兵，因为英、法、波三国联军与德军在纳尔维克酣战，不让这个战略重镇落入德国人手中。5 月 27 日，三国联军占领纳尔维克港，但迪特尔的军队仍然在四周山区紧紧包围港口。三国联军意识到自己守不住这个港口，于 6 月 8 日撤离。德国陆军又夺回港口控制权。

盟军登陆夺回特隆赫姆港和其余德军登陆点的战役，均因盟军内部缺乏合作而失败。英国皇家海军不得不从陡峭的挪威海岸把远征军撤下来，然后用船把他们送回英国。

盟军从挪威全线撤退，这对于德国人来说无疑是一大胜利，也给了雷德尔一个取得海上全胜的机会。雷德尔的姊妹战列舰格奈泽瑙号和沙恩霍斯特号驶至纳尔维克港以西的大西洋公海，巧遇英国航空母舰光荣号，其时英航空母舰只有两艘驱逐舰护航。这对德军来说真是千载难逢的进攻机会。当时能见度很高，且光荣号航速极慢，舰上载着 48 架舰载机以及英国皇家空军的几架战斗机。

德舰把船首的大炮高高升起，在约 16 英里处开始发炮，炮弹落点非常准确。光荣号还未来得及使一架飞机起飞，德舰发来的炮弹已炸掉炮塔。炮弹威力非常巨大，把航空母舰的钢铁装甲整块撕开，德国舰队司令威廉·马歇尔称其如"掀开盖子一般"。在德舰的猛烈火炮攻击下（沙恩霍斯特号竟发了212枚炮弹），英国的航空母舰及其驱逐舰很快就沉没了。德舰也在战事中受伤，英国驱逐舰发射的鱼雷击中沙恩霍斯特号船尾；几天后，在附近游弋的一艘英国潜艇发射鱼雷，击穿了格奈泽瑙号的船头。为此，两艘德舰在随后的数周内不得不返回干船坞修理。然而，英国付出的代价不仅仅是一艘极其重要的航空母舰，连北海的控制权也被大大削弱。

总的来说，德国在侵挪一战中取得了惊人的战绩，尽管海军因此损失惨重——3艘巡洋舰、10艘驱逐舰、4艘U型潜艇以及其他船只，但雷德尔和希特勒都认为值得。凭借此役，第三帝国不仅保有了德国至关重要的铁矿石运输线，巩固了德国北侧的防守，还获得了众多的重要战略据点，德国可利用这些基地对英国海军发动一连串的攻击。

与此同时，希特勒的战略重点也开始从挪威半岛向南移去。5月8日，盟军从挪威撤离；5月10日，希特勒对低地国家和法国发动侵略；就在盟军从挪威撤离14天后的6月22日，法国沦陷。德国U型潜艇和水面舰只可在大不列颠群岛南部的海岸线最佳之处选择基地。

英国海军此刻面临着一个变幻莫测的战争格局：盟军一方法国沦陷，只剩下英国在海上孤军奋战；而且随着意大利参战，英国在地中海将遭遇另一新的强敌。英国如今能做的就是建一条最薄弱的海上防线，以保护盟军的商船免遭德国军舰的攻击。

为尽可能地发挥法国等军港的优势，雷德尔耗费了好长时间来研制新型的远洋军舰。挪威一战损失了德国海军不少水面舰只，部分军舰当场报废；部分在役军舰，如两艘袖珍战列舰、两艘战列舰、两艘巡洋舰以及6艘驱逐舰等都因受损而须暂时退役。于是，德国海军能用的军舰只剩下3艘巡洋舰和4艘驱逐舰，这么点兵力后来还因等待加入希特勒企图侵略英国的海狮行动，在1940年的整个夏天都被搁置起来了。

雷德尔号令手下研制的新式武器名为突击舰（简称HK），其实就是辅助巡洋舰，德军把商船改造成舰艇，作海上袭击之用。与改造前的商船相比，突击舰的体积略大，速度也更快，且武器装备极其齐全，可谓是"武装到牙齿"。舰上配有12门5.9英寸的火炮，2～6具鱼雷发射管，还有1～2架舰载飞机以备侦察之用。尽管突击舰火力如此强大，但它看起来像一艘普通货船，即使是从外面近距离观察，这种新型军舰仍是不露痕迹，因为各种各样的伪装巧妙地掩饰了那些粗大的炮管。突击舰通常悬挂中立的第三国旗帜，舰上相应配上伪饰，虚假的上部结构、油漆和小道具等以备不时之需。若是需要的话，它可在航程中不断地"变脸"。

几个世纪以前，北欧海盗曾把海盗船伪装成商船，在海上横行霸道。德军在"一战"时曾参照此法，使过

1940年4月9日，德国一支驱逐舰编队占领挪威纳尔维克港后，港口一片狼藉。一艘被损商船泊在港口，冒着烟。4月10日和13日，英国皇家海军在此对德舰展开反击。德舰几乎全军覆没，图中前方停泊在码头的两艘德国巡洋舰也在劫难逃。

　　1940 年 6 月 8 日，在纳尔维克港水面上，英国运兵舰奥拉玛号船首高高翘起，另一边一头栽进水底。一艘德国驱逐舰在旁边戒备，准备拯救落水者。让德国人沮丧的是，奥拉玛号上全都是英国俘虏来的德国兵，并没有英国军人在上面。

"商船变军舰"一招，这回技术还高出一筹。为切断英国的海上补给线，突击舰的作战方式通常是：先接近毫不设防的商船，之后猝不及防地向商船船首发一枚警告弹。若商船配有武装并做出反击，德舰会当场以大炮和鱼雷将其击沉；若商船投降，突击舰则会命令船员弃船，再派水兵到商船上将其凿沉。有时突击舰会截获一些载有重要物资的商船，突击舰则会派出水兵占领货船，将其开回轴心国的港口。至于被俘的船员，突击舰或是把他们送上救生艇，或是转移至补给舰上。

突击舰通常在海上一待就是一年多，补充燃料则是靠补给舰或截获的货船。补给舰给海上军舰加油是由海军总部以加密电码形式通知军舰，两艘舰艇也借加油的机会在海上交换战利品和互通音信。海上征战难免寂寞与无聊，船员们一般会放电影和搞一些业余话剧表演来解闷。

侵挪一战结束前，德国海军已经有 3 艘突击舰开始了它们的处女航，1940 年底前又有 4 艘加入其中，后来又有两艘加盟。于是，总共 9 艘新式突击舰陆续开往大西洋地区，破坏英国的海上物资供应。由于英国是岛国，诸如橡胶、粮食以及其他重要物品都需要从其他港口运往本国。1940—1943 年间，德国的突击舰击沉或俘虏了英国近 142 艘货船，吨位总计达 90 万吨。

德国海军第一艘出征的新式突击舰为阿特兰蒂斯号，于 1940 年 3 月 31 日从基尔港出发。船员共 347 名，

德国袖珍战列舰吕措号停在基尔港，等待运上干船坞进行大修。吕措号从挪威返回德国的途中遭遇到英国潜艇的鱼雷袭击，整个尾部几乎从船身断裂开来，悬在水中摇摇摆摆。

舰长为伯哈德·勒格，年方40岁，却已是受人尊敬的一战老兵。阿特兰蒂斯号伪装成苏联战舰克里姆号，其时苏联还是中立国。不过正如其他8艘军舰一样，阿特兰蒂斯号的身份随时可变，舰长勒格只要到劳埃德船只名录上一找，随便安上一个与阿特兰蒂斯号体型相近的船名就行了。

在北大西洋行驶数周后，阿特兰蒂斯号向南驶去，过了赤道。勒格深知苏联军舰极少出没到赤道以南，于是军舰又换上一个新身份——日本客货轮 Kassi Maru。勒格后来回忆道："伪装商船有时还加插船员的亲身表演：染黑发、穿白袍的船员在船上来来往往，'女人'悠闲地推着婴儿车，6位'日本游客'躺在甲板上晒太阳。这一切都在为我们的第一个牺牲品做表演。"

5月3日下午，开普敦和弗里敦之间的繁忙水道上，阿特兰蒂斯号急切期盼的目标出现了。那是英国货轮科学家号，从南非德班开往英国利物浦，船上装着谷物、皮革以及铜和铬。阿特兰蒂斯号驶近猎物时，降下了日本太阳旗，换上德国海军军旗，并命令科学家号停船。科学家号丝毫没有服从的迹象，于是勒格向船员下令："亮出大炮！"

阿特兰蒂斯号在2.5英里处开火，炮手故意把第一炮打飞以示警告。科学家号试图全速脱离险境，德国大炮毫不留情地进行攻击。炮弹击穿了英国货轮的尾部、舰桥以及中部，顿时货轮陷入一片火海。货轮船员纷纷登上救生艇逃生，负伤的电报员最后一刻发出警告电文"QQQ"，意为："我们受到不明身份的敌舰攻击。"接下来的几个月里，一艘接一艘的英国商船都因海上神秘"杀手"而遭殃。阿特兰蒂斯号把货轮上的所有生还者逐一接上军舰，并从船上搜到了有关英国商船颜色分类的文件，可供以后"变脸"之用。最后，勒格发射鱼雷把科学家号彻底摧毁。

勒格向来善待俘虏的名声差点因接下来发生的事情而毁了。1941年4月16日晚上，阿特兰蒂斯号发现了一艘没亮灯的船，形迹可疑。其实这条船是埃及邮轮扎姆扎姆号，船上载着202名平民。勒格以为这是条由英

"千面女郎"
俄里翁号

1940年3月30日，"海上杀手"俄里翁号从基尔港起锚，伪装成一艘双烟囱的辅助舰艇。水手保罗·施密特得躲在狭小的假烟囱里，唯一的任务就是往小炉子里扔油污碎布，以制造烟雾。

刚驶出港口不久，敏捷的船员在甲板拆掉了假烟囱和木制的假舰炮。顷刻间，这艘灰沉沉的辅助舰艇就被改头换面，变成航行于荷兰到美国间的货轮比姆斯德迪克号，烟囱顶上绿白相间，黑色的船身外壳则漆上黄色条纹，干舷是白色。

在漫长的航程当中，俄里翁号像这样的"变脸"至少有20次。俄里翁号在海上一共待了510天，航行127337英里，为德国同类"海上杀手"之最。舰长屈特·威厄充分发挥了表演天赋，把所有可用的家当，油漆、防水油布、假军旗、临时改装的制服甚至假桅杆等都派上了用场，旨在把俄里翁号改头换面，蒙骗猎物。至于军舰的真舰炮，则狡猾地改装成货品、吊臂、舱口盖等东西。每当俄里翁号正面靠近目标舰只时，谁也不会怀疑这艘毫无作战能力的货轮，竟是只"披着羊皮的狼"。

这条"变色龙"在海上从未失手，待它于1941年8月得胜回国时，击沉或俘虏的盟军船只吨位总计7.3万吨。

在小拖轮的牵引下，伪装成双烟囱舰艇的俄里翁号驶出冰封的基尔港。真假烟囱发出的浓浓白烟、舰上载着的油漆等货物纯粹作伪装之用。

1

L 5196

3

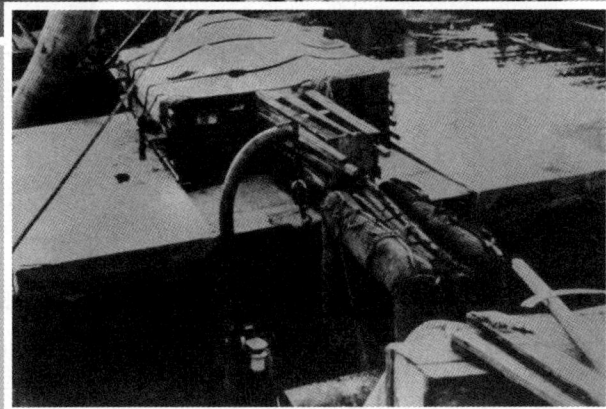

（图1）俄里翁号改装成辅助巡洋舰之前，船上没有任何武器，是一艘行驶在大西洋航线的货轮。

（图2）水手用铰链固定金属板，以掩盖舰上的舰炮。金属板可在几秒内拿开，亮出舰炮来威慑或攻击别的舰只。

（图3）1941年1月，俄里翁号配上一架海上侦察机，机上涂着象征英国皇家空军的圆形徽章，这也是伪装伎俩之一。

（图4）防水油布下盖着的是俄里翁号的尾炮。俄里翁号上配有5.9英寸舰炮6门，75毫米舰炮两门以及6具鱼雷发射管。

国运兵舰改成的武装巡洋舰，于是没有预发警告就直接发动攻击，扎姆扎姆号失去了航行动力。他很快发现自己错了，停止攻击，并把乘客接上军舰，稍后这些乘客转移到德国货轮德累斯顿号上，然后把他们送到当时已被德国占领的法国。

然而，勒格的"好心"最终葬送了阿特兰蒂斯号。原来，邮轮乘客中有两名记者隐身其中，他们在法国获释后，把海上历险的故事发表在《生活》杂志上，海上神秘"杀手"的面目就这样被揭开了。每艘英国军舰的船舱里都挂上了《生活》杂志的有关报道，上面刊登了阿特兰蒂斯号的照片。过了不久，英国重型巡洋舰德文郡号就是按照《生活》的照片，辨认出阿特兰蒂斯号，然后将其击沉。勒格和大部分船员都被 U 型潜艇救起。总的来说，阿特兰蒂斯号"此生不虚"，在海上航行622 天，航程长达 11.25 万英里，共击沉或俘虏 22 艘船，吨位总计 14.6 万吨。

1940 年的春夏之间，又有 5 艘突击舰先后接替阿特兰蒂斯号出海觅食，它们是俄里翁号、寡妇号、雷神托尔号、企鹅号以及科麦特号。5 艘军舰中以科麦特号的航程最为艰险，它先是朝北驶进北极圈；之后再向东驶去，在苏联北部足足航行了 3300 英里，依赖两艘破冰船得以穿越半结冰的喀拉海；又跨越西伯利亚以北区域，再拐进白令海峡，这才进入太平洋，开始它的觅食之旅。

这批"海上杀手"则以企鹅号"觅食"成绩最佳。企鹅号武器装备精良，排水量为 7776 吨，舰长恩斯特·费利克斯·克吕德指挥非常出色，是位有着 25 年军龄的老将。克吕德行动大胆，且足智多谋，在运用海上侦察飞机上有其独到功夫，他发现侦察机不但可发现猎物，还可让敌舰电台消声。"海上杀手"最畏惧货轮发出求救电文，一旦英国飞机或军舰接收到信号，它们可以很快抵达现场。克吕德的对策是这样：让侦察机涂上英国徽号，低飞到目标货船的桅杆上，用抓钩割断电台的发射天线，把货轮的电报员蒙在鼓里。凭着这一招，克吕德竟在 1940 年 8 月 26 日一天内，在马达加斯加海岸击沉两艘油轮和一艘货轮。企鹅号在整个海上觅食之旅中，共击沉或俘虏 28 艘盟军舰只。

而"海上杀手"最好斗的则是雷神托尔号。1940 年 4 月中旬，托尔号在不到一个月内就击沉了大西洋上的 6 艘船只。在舰长奥托·克勒的指挥下，好斗的托尔号根本不把英国的武装巡洋舰放在眼里，即使英国军舰比它大，武装同等精良。

托尔号与英国巡洋舰交手的第一战发生在 6 月 28 日，当时托尔号正航行至巴西海岸以外 600 英里处，海平面上突然出现英国巡洋舰阿尔坎塔拉号。英舰也几乎同时发现了托尔号，随即转舵，追赶托尔号。托尔号立即逃跑，眼看航速比它快的阿尔坎塔拉号就要赶上来，舰长克勒心想唯一的出路只能是掉头开火。待两舰相隔约 14000 码的时候，托尔号向阿尔坎塔拉号开炮，阿尔坎塔拉号立即还击，两舰的对攻为时 30 分钟。托尔号一开始就中了两枚炮弹，但阿尔坎塔拉号的方位非常不利，炮手得对着强烈阳光瞄准托尔号，所以常常打不准，托尔号渐渐占据上风。阿尔坎塔拉号的轮机舱被炮弹击中，在海上走不动了。克勒瞅准这个机会，立刻加速逃离。

接下来的 9 个月里，托尔号又跟另两艘武装巡洋舰较量了一番。一艘巡洋舰受托尔号重创后，不得不驶到蒙得维的亚港修补外壳，用的铁皮正是从在此沉没的德国袖珍战列舰格拉夫·施佩号取下来的。另一艘巡洋舰更不走运，以沉没告终。

尽管取得如此巨大的战绩，但是"海上杀手"的舰长们深知在海上横行的时日不多了。科尔莫号舰长特奥多尔·德特默斯不想扫船员的兴，准许他们在舱壁涂上被该舰击沉的英国船名。但他清楚知道有一天科尔莫号也会成为某一艘英舰舱壁上的辉煌装饰。他后来回忆道："小至一个小烟囱、一根桅杆的漏洞都可能招致末日的来临。作为突击舰的舰长，我虽尝试忘掉这悲观的想法，但事实上这个结果是无法逃避的。"

1940 年秋天，德国海军司令雷德尔认为用新式武器进攻英国海上命脉的时机已经成熟。在此之前，希特勒曾经企图侵略英国，并为此谋划了"海狮行动"，当时雷德尔为数不多的军舰因此次侵略而全部被冻结，谁知这次行动后来被无限期推迟执行。幸亏这次侵略被

搁置，雷德尔才能重新指挥他麾下的军舰。直至当年的
10月，6艘"海上杀手"突击舰已击沉或俘虏了盟军
40艘船，就盟军而言不啻一场浩劫。海军最初给"海
上杀手"定的目标只是单独航行的商船，雷德尔如今打
算让他们承担更具进攻性的任务——攻击为英国商船护
航的舰只。此后的半年里，雷德尔派出了庞大舰队——
3艘战列舰和一艘重型巡洋舰，企图彻底摧毁英国的海
上命脉。

袖珍战列舰希尔号首先出发。为了本次行动希尔号
专门安装了一根新的桅杆，船上有最新型的电台、雷达
和火炮控制装置。10月底，希尔号溜进北海，向挪威
海岸靠近。趁着一场大风暴（希尔号甲板上两名水手因
此还掉到海里而丧生），希尔号偷偷绕道格陵兰岛和冰
岛之间的海峡，进入大西洋。希尔号是一年以来进入大
西洋远海的第一艘德国大型军舰，一年前其姊妹舰格拉
夫·施佩号曾路过这里，可惜它已丧身蒙得维的亚港。

11月5日早晨，希尔号驶至大西洋中部，这里正
是北美与英国货运航线的必经之路。舰长特奥多尔·克
兰克派出一架海上飞机侦察海面情况。根据德国海军的
情报，一个大船队将从加拿大港口哈利法克斯由西向东
驶来。飞行员皮特希上尉果然发现了船队的踪影，3小
时后，船队将抵达德舰目前所在的位置。侦察机迅速返
航，以莫尔斯灯光信号告知希尔号。

舰长克兰克立即全速向船队驶去，速度高达28节。

下午 2 点 30 分，希尔号遇上独自航行的商船莫盘号，显然这不是他们的目标。克兰克号令商船船员停船，并向其甲板发出 3 发炮弹以作警示，船员随即弃船逃生。莫盘号是艘冷藏船，克兰克本应将其带回德国，但因为他们正赶往猎杀货运船队的途中，克兰克只好忍痛割爱了。德舰于是将莫盘号击沉，把船员救上军舰，再向南全速驶去。

快到 4 点半的时候，希尔号看到海平面上浓烟滚滚，接着密集如林的桅杆露出来了。碰上德舰炮口的是编号为 HX84 的船队，一艘名为杰维斯·贝的武装巡洋舰护卫 37 艘货轮，浩浩荡荡驶来。希尔号向船队逼近，杰维斯·贝号巡洋舰从一大堆货轮中驶出来，放出浓浓的烟幕以掩护船队。英舰再发射红色信号弹上天，命令船队迅速疏散，之后就直奔希尔号而来。杰维斯·贝号舰长费根深知自己不是希尔号的对手，但若能以此换得船队的安全，就是不情愿也要这样做。

此时两舰相距逾 10 英里，远远超出杰维斯·贝号上 6 英寸大炮的射程，希尔号的 6 门 11 英寸大炮开火了。最先打出的 4 发炮弹打飞了，其后的炮弹才开始找到准头。英舰中弹后船身起火，几乎所有大炮被摧毁。但杰维斯·贝号速度不减，继续向德舰冲来。舰长费根在战事刚开始就被炮弹打断了一只腿，身负重伤。经过军医的治疗后，费根仍然坚持指挥船员用最后一门舰炮进行还击，即使希尔号移至不到 1 英里的地方，英舰炮火仍不停息。伴着满是弹孔的杰维斯·贝号，舰长费根和200多名船员葬身大海。英舰的拼死激战总共持续了22分钟，船队乘机在渐渐低垂的夜幕中四散逃走。

落日的余晖中，希尔号向着船队疏散的浓浓烟幕全速追去。雷达、探照灯以及燃烧弹为德舰发现了一艘接一艘的货船，准确无误的炮弹将其击沉。晚8点40分，追击行动暂告一段落，直至此刻希尔号已击沉货船5艘、重创3艘。

此次若不是英舰杰维斯·贝号的阻击，英国的损失会更加惨重。货船队遭袭一事迫使英国全面检查长途航线的安排，北美航线因此停航一周，已从加拿大东岸起程的两个船队被迫返回哈利法克斯港。此后的几个月里，英国甚至严格规定大型船队出海必须由战列舰或两艘以上的巡洋舰护航。这无疑将制约皇家海军的海上打击力量，间接帮了雷德尔一个大忙。希尔号的闪电式进攻，完全符合雷德尔的作战意图。他说："我想要的效果不仅仅是使英国货船大大减员，更要搅乱其海上运输和护航系统。"

英国为一雪前耻，派出4支战斗编队来堵截准备返航的希尔号，动用的兵力包括两艘战列舰、两艘战列巡洋舰、3艘巡洋舰及6艘驱逐舰，相当于德国海军的全部家当。不过，希尔号舰长克兰克丝毫没有得胜回朝的打算，他轻而易举地逃脱了，并向南驶去，越过赤道。12月18日，希尔号意外遇上了英国冷藏船杜克萨号，船上满载着蔬菜和水果，3500吨冻肉及1500万只鸡蛋。翌日，身着厨师袍的英国俘虏让希尔号全体船员饱餐了一顿。一周后的圣诞节那天，希尔号与雷神托尔号以及3艘油轮在海上相遇，他们在离本土6000英里的海上分享了一顿极其丰富的圣诞大餐。

有赖于杜克萨号上的物资，希尔号自此拥有着其他战舰想象不到的多重供应。德国油轮诺德马克号固定为希尔号补充油料，在杜克萨号上的煤炭储备用完后，诺德马克号拖着杜克萨号在南大西洋横行，为德国其他战舰供应食品，"海上杀手"阿特兰蒂斯号和企鹅号等战舰均受惠。为确保杜克萨号上的冷藏系统正常运转，德国船员烧掉了英船上的所有木头来补充所需的燃料。

希尔号横行在南大西洋和印度洋，舰长克兰克也像雷神托尔号等"海上杀手"一样用遍伪装的伎俩，给希尔号涂上英国巡洋舰的颜色，然后把船身中部的两个炮塔降到甲板底下——待希尔号"变身"为普通商船后，就在光天化日之下驶近英国货轮，军舰再以英国信号命令货轮停船。这一招屡试不爽，英国货轮从未能提前看穿德国人的诡计，因此希尔号的方位从未因此暴露给英国军舰。

克兰克把"变脸"一招使得出神入化，至1941年3月总部令希尔号返航时，它已击沉或俘虏了约17艘英舰，也让英国军舰在赤道南北进行着无益的追踪。3月30日，在克兰克48岁的生日那天，希尔号抵达挪威

1940年12月18日，希尔号俘虏了英国冷藏船杜克萨号，登上英舰的一位德国船员降下船上的英国国旗。杜克萨号储藏着极其丰富的食物，当时在海上横行的一半德国军舰都因此受惠。

港口卑尔根，结束了 161 天的航程，写就德国史上单舰作战最辉煌的一章。两天后，军舰返回到基尔港，海军司令雷德尔亲自接见了全体船员。军队食堂为船员举行了盛大的庆功宴会，主菜是牛排拌蛋——克兰克以这一道菜幽了英国人一默，说这是"来自温斯顿·丘吉尔的一份意外礼物"。

希尔号在海上度过 1940 年—1941 年的秋冬两季，其时 3 艘德国战舰也在攻击英国的海上运输线，其中一艘为重型巡洋舰希佩尔号。它在入侵挪威一役中受损后，很长一段时间都在军港大修。1941 年 2 月，尽管希佩尔号的引擎尚未完全修复，它也领命出航。即便如此，希佩尔号在不长的航程中却取得了突出的战绩——它在亚速尔群岛东部 200 英里处袭击了一队没有军舰护航的船队，一举击沉 7 艘英舰，吨位总计 32086 吨。此后，希佩尔号的引擎发生故障，被迫退回法国港口布雷斯特，之后再返回基尔港做彻底检查。

姊妹袖珍战列舰格奈泽瑙号和沙恩霍斯特号也闯入了大西洋。这两艘战舰也像希佩尔号在侵挪一战后一样大修了一番。在雷德尔最信赖的一位高级将领京特尔·吕特晏斯的率领下，两艘战舰一前一后出征了。3 月中旬，京特尔率领的舰队在短短两天内击沉了 16 艘防护不足的船只。7 天后的 3 月 22 日那天战舰凯旋法国布雷斯特港口时，已有 22 艘英舰成为他们的牺牲品，吨位总计 11.6 万吨。

1941 年春天，德国新造重型巡洋舰欧根亲王号（图中远处）停在基尔港，等待与战列舰俾斯麦号出航大西洋。欧根亲王号在试航中触动了一枚可能由英国皇家空军投掷的水雷，燃料舱、螺旋桨以及电力系统均受损，从波罗的海港口出海的日子不幸推迟。

雷德尔水面舰队攻击英国海上运输线的所有成果，在 1941 年首季达到顶峰。U 型潜艇船员以"快乐时光"来形容水面舰队的战绩。在当年的 1 月、2 月和 3 月，4 艘重型战舰和 6 艘"海上杀手"击沉了逾 62 艘英舰，吨位总计 302567 吨，期间邓尼茨将军指挥 30 艘 U 型潜艇，战绩差不多是水面舰队的两倍。仅 3 月一个月，在德国水面舰队与潜艇的双重打击下，英国损失船只的总计吨位竟达 35 万吨，创了"二战"的一个纪录。若长此下去，英国将无以为继。

德国舰队此后却麻烦不断。4 月初，长期征战终于

使沙恩霍斯特号的引擎故障越来越严重。4月6日，格奈泽瑙号在法国布雷斯特港口停泊，英国皇家空军一架飞机发射的鱼雷从后面击中战舰，在此后大半年的时间内它不得不暂停服役。4月23日本应是德国新重型巡洋舰欧根亲王号出海的日子，没想到它在波罗的海做最后一次试航时触水雷，出海日子被迫推迟两周。

　　5月8日，无舰可比的"海上杀手"企鹅号已在海上征战11个月，却在印度洋突然终结了其横行之举。企鹅号受英国重型巡洋舰科恩沃尔号的袭击，几次巨大爆炸后，舰长及大部分船员随舰没入大海。第一艘"海上杀手"的末日，向雷德尔敲响了德国水面舰队崩溃的丧钟，不知他可听到。

披着羊皮
的海狼

（上图）恩斯特·费力克斯·克吕德从低层的水手做起，一级级往上升，最终被提拔为辅助巡洋舰 HK－33 号（右图）的舰长，后来他把这艘军舰改名为企鹅号。企鹅号在海上航行了 59000 英里，相当于绕地球两圈还多（航行路线见下图），经历了无数次的"变脸"，击沉或俘虏了 28 艘盟军舰只。

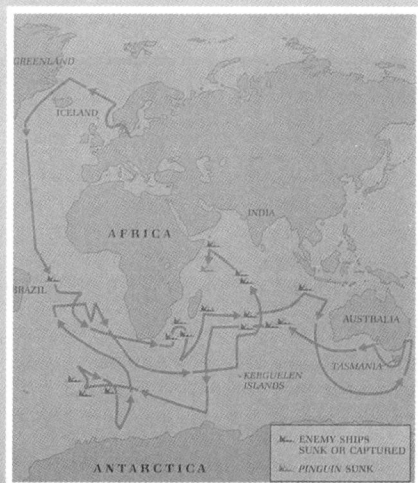

1936 年，排水量为 7700 吨的货轮坎德尔菲斯在不来梅港首度下水，货轮的设计者与船员压根没想到，这艘货轮有一天会成为一艘海上变色的辅助巡洋舰。1940 年初，由于德国海军在役军舰短缺，共有 9 艘货轮被改造成辅助巡洋舰，货轮坎德尔菲斯号也随之"变身"为 HK－33 号。

辅助巡洋舰说白了就是伪装起来的军舰，任务就是击沉或俘虏海上商船。舰上大部分军官还是原来的人，全体船员随即成为海军名册上的服役人员。为准备"变脸"，

他们准备了一大堆道具服装，尽量让军舰保持原有毫无杀伤力的面貌。HK－33号的武器装备如下：5.9英寸的舰炮6门，防空火炮7门以及4具鱼雷发射管。当然这些武器都巧妙地隐藏起来了，储藏舱里还存着大量的炮弹、300颗水雷以及两架小型侦察机。"变脸"的"道具"包括一个灵巧的自动升降结构，能把假桅杆、假烟囱亮出来做伪装，还有好几十面外国国旗加上不同的油彩。根据中立国船只的资料，HK－33号就堂而皇之地冒充他国船只了。

1940年6月15日，辅助巡洋舰HK－33在舰长恩斯特·费力克斯·克吕德指挥下出征了。克吕德个性沉静，恪守纪律，自"一战"起就在德国海军服役。他接手HK－33号后把军舰改名为"企鹅"号，显示了他隐秘的心思："企鹅"作为舰名根本不像是出征打仗的名字，但作为动物的"企鹅"虽"走路蹒跚"，却"能从别的鸟儿的巢里偷蛋"。出海后的11个月里，企鹅号击沉和俘虏了几十艘敌舰，成为德国水面舰只战绩最辉煌的一艘"海上猎手"。

企鹅号船身绘着"希腊货轮卡索斯号",居然大胆地在海上为德国潜艇加油和补充武器。军舰在一旁戒备,船员则坐上橡皮筏运送供应品至UA号潜艇上(前景)。

UA号潜艇上的船员利用绳子和滑轮,抬起企鹅号转移过来的鱼雷,企鹅号一共为他们转移了7枚鱼雷。UA号潜艇与企鹅号结束了大西洋上的相会后,驶向非洲海岸,继续原有的战斗任务。

相会
大西洋上

企鹅号除了海上攻击盟军船只外，还不时为德国正规军舰补充物资，借此来延长其在海上停留的时间。1940年7月，伪装成希腊货轮的企鹅号游弋在大西洋上，与之一起的还有德国潜艇UA号。当时UA号潜艇的储存所剩不多，鱼雷已全部耗尽。在7天的时间里，企鹅号成功地把食物、燃油和鱼雷转移至UA号上，水面战舰这样补给潜艇，在德国历史上还是头一回。

1940 年 9 月 12 日，在非洲马达加斯加海岸附近，英国货轮贝纳文号受到企鹅号的袭击，船身着火并冒出浓烟，船长及几个船员与货轮沉入大海。贝纳文号满载麻纤维和橡胶，从菲律宾马尼拉港出发，目的地是英国伦敦。

　　挪威货轮摩维坎号在印度洋被企鹅号击沉。摩维坎号是挪威商船的骄傲，在德国入侵挪威之前已被英国租用。

　　挪威油轮斯托斯达德号的甲板上挤满俘虏。1940 年 10 月 7 日，在澳大利亚西北海岸以外水域，挪威油轮斯托斯达德号遭企鹅号伏击，企鹅号舰长克吕德决定把油轮改装成布雷舰。

"海上杀手"
激战中

1940年7月30日，第一个牺牲品的名字写在了企鹅号的"战绩"表上。企鹅号当时向英国货轮多明戈号驶去，发射3发警示弹后就用炮弹把多明戈号打得尽是窟窿。企鹅号派出人员撤离完货轮上的船员后，随即用一枚鱼雷将多明戈号击沉。

企鹅号之后绕过好望角，驶进印度洋。在8月26日至27日的8小时内，企鹅号击沉3艘商船。9月16日，企鹅号巧遇载满谷物的挪威货轮诺沃德号，将其俘虏，克吕德命令登船的船员把挪威货轮开回德国港口。诺沃德号于是载着战利品、企鹅号船员的一封封家书以及150名挪威俘虏，开回德国。

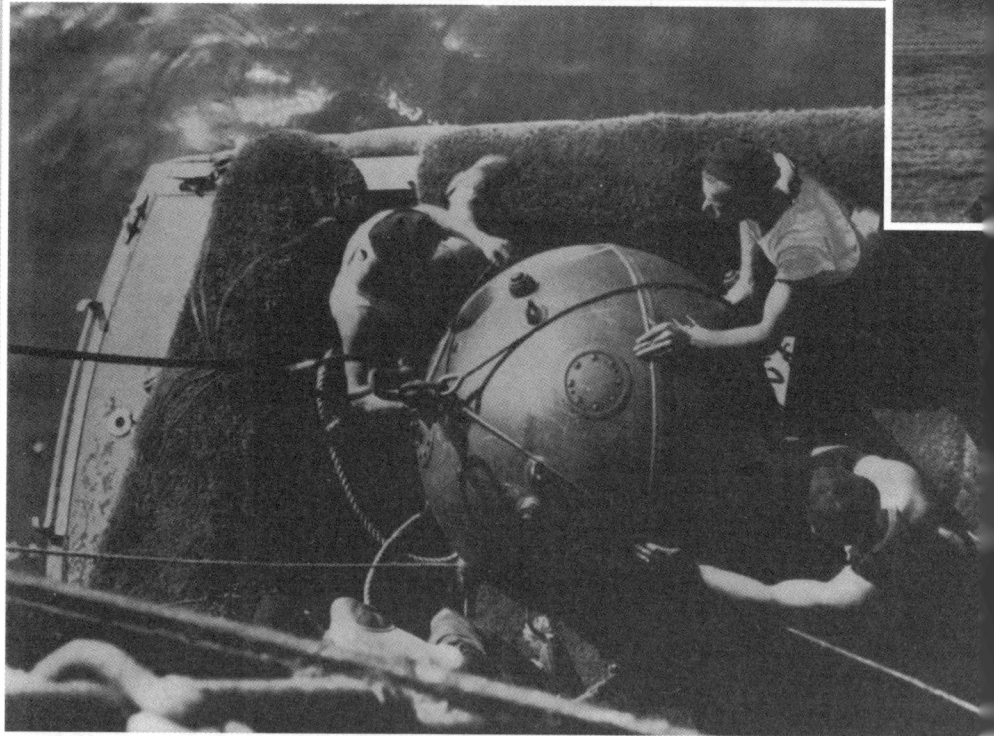

信风号布雷舰3位官员从企鹅号上抽调过来，他们身穿便服，头戴军帽。

企鹅号上的起重机原本用来把侦察机吊到海里，如今转移水雷时也派上用场了，船员们小心翼翼地用起重机把水雷吊到摩托艇上，船员给摩托艇铺上厚厚的垫子，以防水雷着艇时意外爆炸。

改装

布雷舰

克吕德手下的船员仅用了3天，就把油轮斯托斯达德号改装成一艘布雷舰，还给布雷舰起了个好听的名字——信风号。

在海上把水雷从企鹅号转移到信风号上，绝非易事。橡皮筏运雷经试验后证明行不通，后来他们把一艘抢夺来的摩托艇派上用场。水雷就靠这

艘马力强大的摩托艇，从企鹅号转移到信风号。

信风号由企鹅号过来的船员掌舵，在塔斯马尼亚海和澳大利亚大陆之间的繁忙航线上布雷。有几艘船触雷沉没，其中一艘触雷沉没的货船是拉维尔之城号，是"二战"中美国第一艘在反击德军的军事行动中损失的船只。

海上偶遇

企鹅号善于海上作战，但不打仗的日子其实非常寂寞与无聊，胜利是他们难得的生活点缀品。企鹅号在海上孤独航行了半年多后，在1940年12月初，与另一艘辅助巡洋舰阿特兰蒂斯号在马达加斯加东面相遇。

"大家热情挥手，大声叫喊……场面真像学生聚会。"企鹅号上的军医韦勒回忆道。两舰的"亲密约会"整整持续了两天之久，他们不惜坐着小船驶过巨浪，拜访友舰，交换礼物，说一下

海上战争的历险故事。之后，
企鹅号与阿特兰蒂斯号各奔
前程。

滔滔的印度洋上，企鹅号与阿特
兰蒂斯号(远处)遥遥相望。论"战绩"，
企鹅号在所有辅助巡洋舰中居首位，
论海上出战时间长短，阿特兰蒂斯号
则以航行 622 天创下了最高纪录。

企鹅号派出摩托艇,驶向鲸鱼加工船佩拉格斯号以接管船上的控制权。企鹅号此行共俘虏了3艘鲸鱼加工船,每艘加工船上有逾200名水手。

企鹅号上旌旗飘扬，押送"俘虏"捕鲸船来到南大西洋，与德国一艘补给舰会面。克吕德希望从补给舰上过来一些水手，以更好地接管那庞大的"战利品"。

在德国人的监视下，挪威捕鲸船继续它的捕鲸之旅。捕鲸手们利用鲸鱼的庞大身躯，作为捕鲸船与加工船之间的一道护栏，减轻船只碰撞的冲击力。

追击
捕鲸船

企鹅号与阿特兰蒂斯号在海上短暂相会，阿特兰蒂斯号舰长伯纳德·勒格把掠夺来的一套挪威捕鲸海图送给了克吕德。看了这张海图后，舰长克吕德指挥企鹅号向南朝南极洲驶去，寻找新猎物——挪威捕鲸船。

1941年1月中旬，克吕德遇上一群捕鲸船队。在短短两天内，企鹅号一弹不发就擒住了11艘捕鲸船和3艘加工船，战利品包括22000吨鲸油。捕鲸船遵从克吕德的指令，照旧捕鲸及加工鲸鱼副产品。之后，克吕德才派船员接管捕鲸船，驶回欧洲大陆。除了两艘捕鲸船，全部战利品都安全抵达德国占据下的法国波尔多港。

康沃尔号与企鹅号激战12分钟，英舰4发炮弹击中企鹅号，其中一发炮弹更引爆了企鹅号130枚水雷，酿成惊天大爆炸。

康沃尔号追上企鹅号，德舰上的成员誓死不投降，英舰上口径8英寸的舰炮随即向其开火。

企鹅号发出的炮弹未达目标就半路爆炸。康沃尔号中了企鹅号一发炮弹后，随即快速驶出德舰5.9英寸舰炮的射程。

"海盗"
运气不再

1941年4月20日—5月7日间，企鹅号伪装成货轮泰姆连号，击沉了3艘盟军货船，击沉盟军船只总数达28艘。然而，企鹅号的末日也即将来临。一艘英国油轮遭企鹅号袭击起火，船上重伤的电报员临危发出求救信号，英国军舰由此得知企鹅号位于肯尼亚海岸附近。

侦察机从英国重型巡洋舰康沃尔号上起飞，飞近泰姆连号货轮时也不见甲板上的船员朝飞机招手，侦察飞行员因此心生疑窦。5月8日当天，康沃尔号追上企鹅号，两舰发生的激战就成为企鹅号悲壮的"天鹅之歌"。

一艘英国救生艇在海上小心翼翼地搜索企鹅号的生还者。周围有鲨鱼出没，从沉船泄漏出来的油料更是大块大块地铺满海面。

载满生还者的救生艇驶回康沃尔号。

获救的德国水手洗完热水澡，列队走下甲板去取回干衣服。

拯救
落水德军

康沃尔号与企鹅号激战过后，企鹅号船首被彻底摧毁，船身其余部分迅速下沉；550多人随企鹅号葬身鱼腹，其中213人为德国俘虏。仅有60名德军及22名俘虏侥幸生还，他们全靠攀着沉船碎片，漂浮在满是燃油的海面，最后由康沃尔号派出的小艇救起。舰长克吕德也在阵亡德军之列，他在舰桥被炸时死亡。

生还的德军担心他们"伪装货轮来袭击货轮"的作战方式，会招致英舰的猛烈反击。幸运的是，康沃尔号舰长发令，要求船员按一般海战的规则，人道对待德国俘虏。

3. 捉迷藏的死亡游戏

阿道夫·希特勒向来狂妄自大，甚少自省，有次他向旁人倾诉心底秘密："在陆上我是英雄，在海上我却是懦夫。"尽管希特勒对潜艇和战舰着迷，谈起技术也头头是道，但对于海军实力的配备以及如何指挥一场海战他是全无头绪。希特勒的以往经历以及他的爱好都显示出他更像陆军。有鉴于此，第三帝国的海军比起其他军种，希特勒施加的影响非常少，海军大部分都是由其军官一手打造的。

雷德尔从一开始就与纳粹保持距离：尽管压力重重，他依然保留了传统的德国海军军礼，甚至还有随军牧师；他禁止手下加入任何党派；拒绝遣退经验丰富、战绩辉煌的犹太裔军官，且当1938年"水晶之夜"事件发生后，他连同得力干将邓尼茨、吕特晏斯，直接向希特勒呈交了愤怒的抗议书。雷德尔以及海军的军官、工程师们一手构建了海军的U型潜艇及水面舰队，乃至"二战"海战布局。诸如战略、战术安排等重大的决策都是由海军总部制订，而不是由希特勒的最高统帅部制订。

1942年1月，德国重型巡洋舰欧根亲王号在英国海军、空军的鼻子底下驶过英吉利海峡，舰上炮手正在固定舰炮的位置。一位德国军官对这次行动曾发出警告："这将导致我们的军舰葬身大海。"

1941年5月，德国的海战进展非常顺利。德国海军在入侵挪威一役中扮演了重要角色；水面舰队中"海

上杀手"神出鬼没，搅得全球航线不得安宁；U 型潜艇也已经撕开英国的海上命脉。当年 3 月，盟军船只损失吨位总计 35 万吨，仅仅过了一个月损失更加惊人，达 70 万吨。若长此下去，英国等国必然支撑不了。雷德尔及其助手认为海军战绩接近顶峰，该是筹划一次致命攻击行动的时候了。

这个战斗方案代号"莱茵河演习"，德国公海舰队将对英国的海上运输线施加更沉重的打击。计划看起来简单，但极具破坏性。战列舰沙恩霍斯特号和格奈泽瑙号将从法国大西洋港口布雷斯特出发，在海上拦截驶近大不列颠群岛的船只。同时，排水量为 50129 吨的超级战列舰俾斯麦号也会加入"莱茵河演习"，这艘庞大的

1941 年 5 月初，欧根亲王号与俾斯麦号在波罗的海演习战术，欧根亲王号上一名旗号兵向远处的俾斯麦号打旗语。新下水的俾斯麦号其时尚未打过仗。

军舰航行起来一点都不慢，每小时速度达 32 节，舰上配有 15 英寸口径的火炮，船身装甲极厚，它将突破常年冰封的冰岛和波罗的海。为俾斯麦号护航的是重型巡洋舰欧根亲王号，欧根亲王号排水量达 18000 吨，航速 30 节，配 8 英寸大炮。7 艘油轮和两艘补给舰为两艘军舰提供后勤支援，数艘潜艇在前面护航。

一切看起来成功在望。针对沙恩霍斯特号和格奈泽瑙号的海上干扰，英国派出军舰为船队护航，但护航军舰实力远远落后于德国战舰。而且，假使英国把大部分军力投入船队护航的话，德国军舰正好可以乘虚偷袭。若英国把大部分军力用来追击俾斯麦号一行的话，没有军舰护航的船队将完全暴露于德国战舰的炮口之下。更有甚者，北大西洋的军事行动将会牵制英国的部分军力，特别是在地中海，登陆克里特岛等行动都需要大批海军军舰加入。

尽管有这么多的有利因素，"莱茵河演习"开头却不顺。军舰在布雷斯特待命出发，柏林总部发通知称，沙恩霍斯特号 6 月底之前必须重新调试引擎，但"莱茵河演习"已是箭在弦上，等不了那么久了。于是，姊妹舰中格奈泽瑙号只能独自出航，作为攻击方案的南翼。雷德尔还在考虑应变方案时，格奈泽瑙号已不幸在行动中受损。4 月 6 日，一架英国皇家空军轰炸机低飞至布雷斯特港，向格奈泽瑙号舰尾发射一枚鱼雷，虽然德军迅即将这架单独出击的战机射成碎片，但是那枚鱼雷已重创格奈泽瑙号，船尾被炸开一个大洞，螺旋桨被毁。8个月后，另一架英国皇家空军轰炸机的突袭，彻底粉碎了格奈泽瑙号重上战场的希望。两艘战列舰缺阵，实现雷德尔的宏图伟略的军舰就只剩下俾斯麦号和欧根亲王号。

雷德尔派出最信赖的助手吕特晏斯来指挥这次最重要的军事行动，战前他与吕特晏斯讨论是否推迟军事行动。吕特晏斯认为应该等沙恩霍斯特号、格奈泽瑙号修好后再执行方案，且俾斯麦号的姊妹舰提尔皮茨号当时已下海试航，相信在7月中旬就可正式下水，其时德军实力更强，攻击行动也更游刃有余。雷德尔却否决了吕特晏斯的提议，决定按原计划进行。他认为俾斯麦号如果作为诱饵牵制英国海军，欧根亲王号就可为所欲为地攻击没有军舰护航的船队，犹如一头闯进羊群中的恶狼。

吕特晏斯对雷德尔的一意孤行大惑不解，单凭两艘军舰就能对付英国庞大的海军吗？不祥的预感笼罩在吕特晏斯的心头，他对一位同僚倾诉道："这次战斗德英实力极其悬殊，我恐怕要搭上老命了。"军令如山，吕特晏斯和手下于5月初登上俾斯麦号。5月底下弦月挂上天际的时候，德国海军的冒险行动开始了。

恩斯特·林德曼担当俾斯麦号的舰长。他时年45岁，是海军最能干的军官之一。林德曼指挥俾斯麦号最适合不过了，因为他非常推崇铁血首相俾斯麦的话，并视之为人生座右铭："我将为祖国流尽最后一滴血。"林德曼个性沉稳，备受船员信赖。欧根亲王号舰长是赫尔穆特·布林克曼，他是林德曼在姆维克海军学院读书时的同学，同样广受尊敬。两艘军舰上的船员有义务兵，也有专业军士，平均年龄仅21岁。尽管他们海战经验较少，但磨砺得如索林根刀片。

5月5日，希特勒抵达港口，视察俾斯麦号和全体船员。在军舰上走了一圈后，他在军官起居室接见了部分军官。希特勒对在座军官忧虑地说，德国海军实力远逊于英国皇家海军，在战事中恐怕会非常不利。吕特晏斯回答道，就单艘战舰来说，任何一艘英舰都比不上俾斯麦号的实力，他非常有信心俾斯麦号绝对可以在单对单的战斗中取胜。但他又补充道，英国皇家空军的鱼雷将是大西洋战役需要高度警惕的。

5月18日晚上，两艘德舰已准备就绪，船身已涂上蒙蔽潜艇的伪装颜色：船首和船尾涂上白色的波浪条纹，船身与上部结构则是黑白相间的条纹。两舰先后离开戈滕海分港，缓缓驶向西波罗的海，穿过卡特加特海峡，即丹麦（其时已被德国占领）与瑞典（中立国）之间的狭窄海域。直到5月20日，它们才接近北海，在阿科纳会合，之后再沿着挪威海岸向北驶去。

表面看来一切还很顺利。两艘战舰沿途没有发现巡逻的英国潜艇，从头顶掠过的都是德国的梅塞施米特式战斗机。然而，它们的行踪早已被察觉，一艘瑞典巡洋舰发现它们穿过卡特加特海峡。两名亲英国的瑞典情报

官员迅速把消息传递给驻瑞英国海军武官，短短数小时内消息已用电波传送到伦敦。挪威地下反抗组织的海岸哨兵也目击德国舰队驶过，哨兵立即用秘密发报机把消息传到伦敦。

这些消息最后都汇总到英国本土舰队总司令约翰·托维爵士那里，他当时身在驻扎于斯卡帕湾海军基地的乔治五世国王号舰上。接报后托维立即命令麾下的远海军舰进入戒备状态，随时准备出征。截击战斗编队很快组成，成员包括战列巡洋舰胡德号、航空母舰维多利亚号、新战列舰威尔士亲王号、托维所在的乔治五世号以及几艘巡洋舰和驱逐舰，这些船只或是刚好靠岸，或是在近岸巡逻。编队组成后，托维开始

1941 年 5 月 18 日，在波罗的海边上的戈滕海分军港，德国海军战斗队司令吕特晏斯检阅重型巡洋舰欧根亲王号全体船员。俾斯麦号和欧根亲王号于当天起程，赶赴大西洋截击商船，前程吉凶未卜。

耐心观察德舰的近期动向。

答案很快就揭晓了。5月21日拂晓，吕特晏斯突然指挥他的行动舰队驶进通向挪威卑尔根港的峡湾。这一决定让他的手下大惑不解，对于他们来说，安全脱身的关键在于逃跑的速度，而从苏格兰起飞的英国皇家空军侦察机非常容易发现他们的行踪。吕特晏斯不顾下属的反对意见，下令俾斯麦号在格里姆斯塔峡湾下锚，欧根亲王号则在附近的卡尔瓦尼斯湾停泊。吕特晏斯并没有向下属交代其理由，他也许希望在此等待恶劣天气，以掩护他们向北进攻的最后冲刺。船员在停船的日子里忙于给军舰涂上灰色，这种颜色更适合北方海洋的薄雾天气。欧根亲王号也乘机给油舱加满油，吕特晏斯并没有要求俾斯麦号也加满油，这也令俾斯麦号军官非常不理解。战时军舰的第一要务就是抓紧机会补充燃料，俾斯麦号在北上时已烧掉了1000吨燃料，而此时一艘德国油轮也只是在离他们一天航程左右的地方。吕特晏斯也许打算离开峡湾时再顺道加油。

当天下午，俾斯麦号船员仍在忙着涂油漆，殊不知此时已有一架英国侦察机带着照相机飞临到25000英尺的高空中。托维看完侦察报告后成竹在胸，俾斯麦号和重型巡洋舰原来躲在挪威海域里，必然是在等待机会闯入大西洋来进犯英国。半夜时分，胡德号和威尔士亲王号战列舰迅速驶离斯卡帕湾军港，开往冰岛和丹麦海峡。

吕特晏斯麾下的战斗编队此时也开始行动。他们

期待的恶劣天气降临了，大风刮起来还伴着大朵大朵
的雨云。即使在此之前英国海军或许已察觉他们的行
踪，英国人也甭想在风暴中继续追踪他们。两艘德舰
把护航的驱逐舰抛在身后，抓紧时间驶离挪威峡湾，
向北驶进浓云密布的挪威海。

　　翌日早晨，天气更加恶劣。"黑云低垂，大风赶着
雨云在后面追着我们，它们就像一道垂垂落下的窗帘，
形成绝佳的天然掩护。"雷希贝格男爵回忆道。当时他
是俾斯麦号上掌管大炮的一位年轻军官。此时海上的能
见度仅有 400 码，为保持队形，两艘军舰不得不开着探
照灯前进。雷希贝格还回忆道，"我们像两个夜鬼，在
未知的、没有尽头的神秘世界里航行，身后也不留下脚
印。"吕特晏斯和手下感觉他们逃跑得干净利落，将很
快地消失在大西洋，等候一队在此经过的船队，10 多
艘船队将是他们的觅食目标。唯一令他们不安的消息来
自柏林，海军的电文侦获小组分析英国加密电文时得知，
英国人其实已察觉到德国战列舰的行动，且已在北极水
域等候他们。

　　英国方面也开始他们的下一个行动了。5 月 22 日，
一架专门进行天气观测的皇家空军飞机穿过云层和一群
群海鸥，飞临卑尔根，向舰队发回报告："德国人跑掉
了。"托维立即率领旗舰乔治五世号出击，维多利亚号
也一同出行。战列巡洋舰反击号则从克莱德河出发，与
舰队在苏格兰以西的赫布里底群岛会合。托维同时也通

英德在冰岛海岸外海面上爆发战事，英舰胡德号打来的炮弹落在德舰欧根亲王号(前景)后的海面上，激起250英尺高的水柱。激战过后，欧根亲王号毫发无损。

知巡洋舰诺福克号和萨福克号，这两艘军舰已在冰岛附近巡逻，密切关注丹麦海峡出入的船只。5月23日下午，两艘德舰快速穿过丹麦海峡，德国瞭望兵也发现了在此守候的英国军舰。此时天气转晴了，天空只剩下块状云团和大片风雪，海上漂着小块浮冰，军舰驶过时发出钟鸣般的轰响。

瞭望兵凭着萨福克号船尾的小小倒影首先发现了这艘英舰，几分钟后诺福克号也从浓雾中露出脸来。俾斯

俾斯麦号与胡德号在北大西洋爆发远距离炮战，不善此道的胡德号被炮弹击中后起火冒烟，最后沉入大西洋海底。德国舰队司令官高兴地对俾斯麦号的船员们说："你们这回死而无憾了。"

麦号上的大炮高高升起，第一次喷出强大的炮火。炮弹激起 200 英尺高的水柱，诺福克号趁机溜进了烟雾中。两艘英舰悄悄躲到俾斯麦号背后 14 英里的地方，萨福克号上配有海雷达跟踪系统，因此即使俾斯麦高高的桅杆消失在海平面上，在萨福克雷达屏幕上它仍是一个小点。英舰把俾斯麦号的方位不断传回伦敦总部，仅在 300 英里以外的托维当然也同时接收到这些极其重要的信息。

俾斯麦号的第一轮炮火非但没有击毁英舰，反倒把自己船首的雷达弄坏了，吕特晏斯于是下令欧根亲王号在前面带路。"趁着黑夜点点余光，我们航行在北极海域上，"雷希贝格回忆道，"我们得小心避开浓雾里未知的冰山或大片的雨雪。"到晚上 10 点，吕特晏斯终于下令俾斯麦号做 180 度大转弯，企图掉头迎面袭击追击者。英舰上的雷达立即发出警报，在夜幕中迅速掉头撤离。俾斯麦号见追不着也就继续原来的南向航行。德舰此刻唯有希望英国舰队全都留在斯卡帕湾基地，若天遂人愿，英国人是不可能截击他们的。

1941 年 5 月 24 日凌晨 5 点左右，欧根亲王号的声呐侦听到螺旋桨转动的声响，显示两艘大型舰只一起向德舰靠近。舰桥上的军官闻讯后匆忙抓起望远镜，向东搜寻。同时，雷达室也接到军官的询问：雷达上是否已出现敌舰方位的光点。但雷达屏幕什么东西也没有，显然英舰处在德舰雷达探测不到的地方。

紧张的 45 分钟过后，欧根亲王号上的一名枪炮官看到东南方向有烟冒出，随即出现两根军舰的桅杆。德舰上顿时警钟大作。舰长布林克曼在舰桥指挥战事，并指示向俾斯麦号发出"敌人出现"的旗号。两艘德舰的大炮立即准备就绪。

海军上尉保罗·施马伦巴赫是欧根亲王号上分析军舰型号的专家，他发布了大家都不愿意听到的消息。他认为左边的英舰比较新也比较大，极有可能是乔治五世级的战列舰；右边那艘就是名满天下的胡德号。胡德号于 1918 年下水，名字是为了纪念一个出了 4 位海军上将的家族。按设计构思，胡德号完美地集中了速度快、火力强的优点。胡德号战列巡洋舰体积巨大，比俾斯麦号还要长 32 英尺，吨位比俾斯麦号轻 4000 吨，航速 32 节，配有 8 门 14 英寸的大炮，大炮火力惊人，能把 1 吨重的炮弹发射至 16 英里之远。胡德号有着漂亮的对称外形，二三十年代曾多次友好出访，吸引了世界的目光。即使胡德号如今有点过时，但火力和速度不亚于新下水的俾斯麦号。它唯一比不上俾斯麦号的地方只是装甲不够厚。当初英国设计师为了使胡德号能既航行快又火力猛，只给它的上部甲板装了 3.5 英寸厚的装甲。胡德号在远程攻击和跳弹攻击下最吃亏。

正当施马伦巴赫向众人讲述他的专业判断的时候，远处一艘英舰的前部炮塔开炮。炮弹爆炸力惊人，即使从 13 英里开外的欧根亲王号上看也堪称壮观。一名德

从欧根亲王号船尾拍得这 3 幅连续的动态图片，记录下了 7 英里之外的胡德号的沉没过程。最顶上的一幅图片：胡德号的火药库爆炸冒烟；中间的一幅图片：威尔士亲王号（图中远处右边）从烟雾中冒出来，俾斯麦号射出的炮弹落在英舰前面的海上，激起两道高高的水柱。诺福克号（图中左边）拖着长长的黑烟，赶来增援；下面的一幅图片：诺福克号（图中左边）继续向前进，威尔士亲王号则躲到一边，胡德号只剩下一缕轻烟。

国军官形容当时的情景"如同太阳的大光环"。片刻之后，另一艘英舰突然陷入一片火海，冒出阵阵浓烟。舰桥上一名军士激动地叫喊："它中弹了！"布林克曼回答道："冷静点，小伙子。它是中弹了，现在让我们看看接下来有什么会发生。"

顷刻间十多枚炮弹朝他们飞来，俾斯麦号和欧根亲王号甲板上的官兵立即做好准备发炮还击。然而，宝贵的好几秒过后吕特晏斯仍未发令开炮。他面容平静，完全不相信眼前的一切，因为根据德国海军的最新情报，英国的舰队还停靠在斯卡帕湾，离这里足足有 1000 英里，英国舰队怎么可能从天而降呢？况且他们此行目标在于打击商船，应尽可能避免与英舰开战。

英舰的炮弹一颗接一颗飞来，计时表焦急地"嘀嗒"响着，俾斯麦号舰长林德曼喃喃自语道："我决不会让军舰就这样窝囊地毁掉。"吕特晏斯最后终于发令："准许开火。"他话音刚落，俾斯麦号上 15 英寸的大炮就 4 次齐射，欧根亲王号的 8 英寸大炮开火的时间也就稍慢了几秒。军舰的甲板和上部结构立即充满了浓浓的火药味和烟雾，在舰桥或炮塔旁守卫的官兵呛得受不了。一排德舰炮弹射出去，英国炮弹也"轰轰"地飞过来，炮弹落在水面爆炸，声响巨大，激起高高的喷泉似的水柱。胡德号发过来的炮弹差点就打中了欧根亲王号，朝俾斯麦号打过来的炮弹是来自英国新型战舰威尔士亲王号，炮弹落在离俾斯麦号 1000 码以外的地方。

俾斯麦号海上之旅

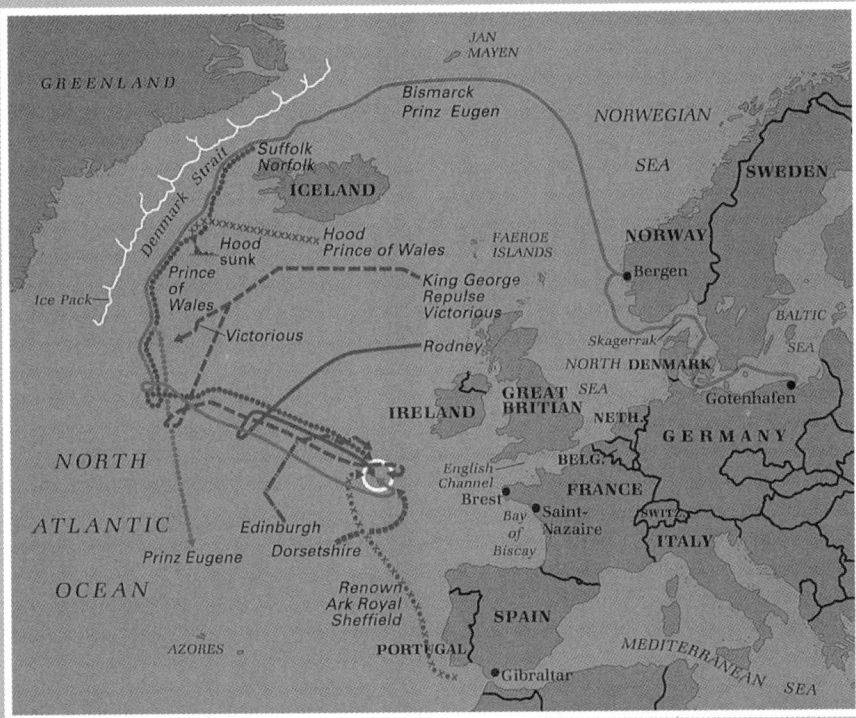

俾斯麦号和欧根亲王号从德国港口出发，分别向北和向西驶去，然后出其不意地穿越位于冰岛和格陵兰岛之间的丹麦海峡。5月24日，两艘军舰与英舰胡德号及威尔士亲王号恶战一场，击沉了胡德号。俾斯麦号在战事中受损，于是改变航线，驶向被德国占领的法国圣纳扎尔港。俾斯麦号虽是短暂摆脱了英舰的追踪，但在5月26日，航空母舰皇家方舟号上起飞的鱼雷机空袭俾斯麦号，造成其方向舵严重受损。俾斯麦号只好向西北航行，迎战紧随而来的英国舰队。5月27日，两艘英国战列舰和两艘巡洋舰重创无力航行的俾斯麦号。最后俾斯麦号舰长打开通海阀门，海洋"巨无霸"悲壮地沉入15000英尺深的海底。

在俾斯麦号的炮火控制室里，施耐德是负责发炮的总指挥，他隔40秒发一次令。"短了。"他大声评论刚才一发炮弹的发射质量。"过了。"又是另一声不满。"注意观察。"他注视着测距仪镇定地说。"敌人中弹了！"这回他满意多了。俾斯麦号15英寸的大炮又是两轮齐射，每次齐射共射出4枚15英寸炮弹。"太好了，这回它可伤得不轻啊！"他开始满意年轻炮手的表现了，"它爆炸了，爆炸了！"

欧根亲王号8英寸的大炮瞄准胡德号的甲板开炮，而来自俾斯麦号的两发炮弹重重击中了这艘英国战列巡洋舰，俾斯麦号的炮弹从14100码以外的地方飞过来，重达1吨的炮弹狠狠炸开了胡德号薄薄的甲板装甲。炮弹击中了4英寸大炮的弹药库，接着两门14英寸大炮的弹药库被击中。100吨无烟火药爆炸起火，升起高高的蘑菇状云团，连主桅杆和后炮塔的碎片都被卷上高空。弹药在空中狂舞，爆出灿若群星的亮光。胡德号船身渐渐解体、沉没，断裂的船首刚好横在威尔士亲王号的航道上，船尾则漂在一边。胡德号上1419名官兵仅有3人生还，其余人全部罹难。"可怕的魔鬼！"欧根亲王号的炮手目睹此景喃喃自语道。此时刚好是早晨6点整，双方交火时间还不到8分钟。

胜利给两艘德舰带来一片热闹喧哗的狂欢，船员背撞背以示庆祝，大声叫嚷和歌唱。他们的确值得为自己自豪，因为世界上最著名的军舰被他们击沉了，而这艘军舰是英国皇家海军的骄傲！军官得在吵吵嚷嚷中大声发令，呵斥船员返回岗位。威尔士亲王号还在附近，小心测距之后再向德舰射来一串串的炮弹，有3枚炮弹击中了俾斯麦号。欧根亲王号和俾斯麦号连忙把炮口对准威尔士亲王号，几乎同时开炮。俾斯麦15英寸大炮发射的炮弹摧毁了英舰舰桥，上面的人仅有舰长和信号兵生还，炮弹还把英舰的罗盘台、发射控制器以及雷达站全部炸毁。威尔士亲王号的战斗力荡然无存，只好在6时09分放出烟幕弹，疾速向东南撤去。林德曼和吕特晏斯就是否追击发生争执，林德曼主张击毁英舰，取得全胜，吕特晏斯却否决了他的主意，认为应继续原来的任务。

之后，德舰的军官起居室里举行盛大的庆祝会，众人一次又一次向两位掌炮军官道贺，昂贵的军品——香烟和巧克力摆在桌面。这次胜利对于吕特晏斯来说也是一份难得的生日礼物，翌日正是他52岁生日。柏林的海军总部更是欣喜若狂，而这一消息经戈培尔的宣传部大肆宣扬后，德国各地更是爆发了一连串的庆祝活动。

从另一面看，俾斯麦号的重大胜利其实是吕特晏斯战术的重大挫折。按事前部署，俾斯麦号本该悄无声息地在大西洋截击商船，进而破坏英国的海上命脉。但如今这个战斗编队还未抵达行动海域就过早暴露了。两艘英国巡洋舰还跟在俾斯麦号的后面，吕特晏斯的每一次转向都在他们监视之下，更不用说英国皇家海军的其他战舰会随时加入追击兵团。吕特晏斯如何截击商船，甚至如何安全返回德国军港，现在都成大问题了。

无论是继续前进还是临时返回，摆在吕特晏斯面前的都是进退两难的抉择。俾斯麦号的麻烦不断，威尔士亲王号的一发炮弹击穿了它船首的左舷处，打坏了输油管，一下子灌进了2000吨海水，船头因此低了2～3度，船速最快只达28节。另一发炮弹打中了吃水线以下的装甲，刚好掠过指挥塔。防水壁给炸开了一个大洞，锅炉房里满是海水，爆炸的冲击波炸裂了几个油舱，炸毁了几个油缸阀门。俾斯麦号身后拖着漏出的油迹，像是一条长长的"油尾巴"，更坏的是前部油舱的1000吨燃油也因海水污染不能使用。吕特晏斯未能让俾斯麦号在挪威加油，如今要自吞苦果了。

吕特晏斯即使是一百个不愿意，也只好被迫决定让俾斯麦号进港修理。欧根亲王号毫发无损，速度也没有减慢，吕特晏斯让其到大西洋中部游弋，截击商船。俾斯麦号向南驶去，绕过爱尔兰西部，然后掉头向法国海岸航行，目的港是圣纳泽尔港或布雷斯特港。5月24日傍晚6时14分，两艘德舰分道扬镳的时间到了，俾斯麦号的信号灯向欧根亲王号发出"胡德"二字，这个意味深长的词就成了它们的告别祝福语。之后，俾斯麦号把一直跟踪它的英国巡洋舰拖住，以此掩护欧根亲王号南进。

诺福克号和萨福克号一直追踪在德舰的后头，源源不绝地发报电信,于是大西洋上游弋的每一艘英国军舰,几乎都加入到追歼德舰的行列中。5 月 24 日晚,离德舰最近的是威尔士亲王号和它的姊妹舰乔治五世号,它们距离德舰 250 英里;航空母舰维多利亚号在德舰东面 120 英里以外,当时正在冰岛南部海域独自巡逻;在德舰南边截击的则是战列舰罗德尼号,它虽然老态龙钟,火力却非常强大。更强大的战斗编队火速加盟——皇家海军 H 编队原本驻守直布罗陀,海军已命令其全速向西南驶去,在俾斯麦号的回国路上进行堵截。H 编队包括航空母舰皇家方舟号和战列巡洋舰闻名号。

很快,吕特晏斯和林德曼最害怕的事情发生了——英国舰载飞机飞来了。这里纬度非常高,5 月下旬的晚上不会一片漆黑。果真,灰蒙蒙的天空响起了 9 架箭鱼鱼雷飞机的轰鸣声。箭鱼鱼雷飞机是由木头和帆布做成的双翼飞机,飞行时速仅 85 英里。这种飞机外形弱不禁风,机组人员戏称之为"网线袋"。它们从航空母舰维多利亚号起飞,飞行员按诺福克号雷达的指示位置朝俾斯麦号飞来。俾斯麦号听到了诺福克号雷达的声音,约 50 门高平两用舰炮迅速开炮,弹药烟雾立刻弥漫了整个天空。飞机越来越多,帆布做的机翼被打穿了一个个洞。每架飞机都朝俾斯麦号发射了重达 1800 磅的鱼雷,但只有一个鱼雷击中,不巧击中的又是俾斯麦号装甲最厚的地方,因此并没有造成很大的损伤。

9 架英国飞机依次飞回航空母舰上。吕特晏斯与下属神色阴郁——鱼雷飞机翌日早晨肯定会再来，但眼下最紧迫的是摆脱那些致命的巡洋舰。

5月25日凌晨3点，吕特晏斯下令俾斯麦号舵手急转右舷并一直保持右舷，使航线看起来是画了一个大圈，包抄到英国巡洋舰的后边。非常神奇，吕特晏斯的诡计得逞了。萨福克号为躲避U型潜艇的潜在攻击，时常做Z字形行进，舰上的雷达兵也习惯了隔一段时间才观察屏幕，监视俾斯麦号的动向。雷达兵突然发现，俾斯麦号雷达的信号已长时间消失。凌晨5点，萨福克号发出绝望的电信："与敌舰失去联系。"俾斯麦号终于成功摆脱英舰的追踪。

不过，吕特晏斯这时犯了一个重大错误，雷达室向他报告称接收到英国军舰的雷达信号，吕特晏斯误以为萨福克号仍在跟踪俾斯麦号。吕特晏斯觉得该听天由命了，于是打破了连日来的无线电静默，向柏林总部发回长长的电文，详细叙述了英国雷达如何紧追不舍、如何击沉胡德号以及俾斯麦号面临的困难等等。大不列颠群岛上的通信侦听站接收到这段电文，吕特晏斯的肺腑之言很快被传送到英军总部。乔治五世号在几分钟内就计算出俾斯麦号的位置。第一次计算出错误结果，把托维麾下的舰只引导到错误的方向。第二次计算的结果正确无误地指出俾斯麦号的位置，且他们截到一个半加密的电文，同样显示俾斯麦号正向比斯开湾驶去。

如何截击俾斯麦号又成为英国海军的大问题，托维目前的位置并不适当，而皇家海军的其他所有战舰距离德舰太远。5 月 25 日整整一天一夜，俾斯麦号乘着滔滔顺流，全速前进。

中午时分，吕特晏斯对众人挑明俾斯麦号的处境——后面有英国舰艇的大规模追击，前面更是危险重重，结束语更低落："对于海军来说，现在的问题是胜利或牺牲。"听此一言，官兵士气顿时泄了大半。吕特晏斯的话让林德曼很不是滋味，他在一小时后向船员保证，他们一定要智取英国人，最终逃出死地。一位船员回忆道："听完舰长的讲话后，我们的脸色亮起来了，重新充满勇气。"第二天，俾斯麦号舰上的广播宣布"在朝圣纳泽尔航行的路上，我们已越过爱尔兰的 3/4，预计到中午就可抵达 U 型潜艇游弋的区域，亦即是德国空军飞机活动的区域"，这个消息如同一剂强心针，船员的情绪更高涨了。

然而，高昂的情绪很快就退去了。10 点半左右，瞭望兵发现前方厚厚的云团中有一架飞机。那是一架美国卡塔利娜型水上飞机，按照 1941 年美国国会通过的租借法案，交由英国皇家空军海岸指挥部使用，飞行员是美国人。卡塔利娜于当天早晨从爱尔兰北部起飞，沿海岸线巡逻，他们没有预计到在雾水苍茫的海上发现俾斯麦号。机组成员立即不假思索，发出了以下电文："发现战列舰，方位 240 度，5 英里，航线 150 度。我的位置：北纬 49.33 度，西经 21.47 度。时间：早上 10∶30，

5 月 26 日。"俾斯麦号位置再度暴露。

差不多到中午了，俾斯麦号快抵达友舰巡逻海域的时候，远处突然出现一架有轮侦察机。确定无疑的是，英国航空母舰就在附近。俾斯麦号瞭望塔向天空搜索，期望德国空军飞机能及时前来救援——偏偏就不见空军的踪影。两艘 U 型潜艇也在附近游弋，但不幸的是艇上鱼雷用完，燃料也所剩无几。它们能做的就是做个无能为力的旁观者。

当天傍晚，英军的"网线袋"飞机又来了。它们来自从直布罗陀匆忙赶来参战的军舰，航空母舰皇家方舟号。皇家方舟号只在俾斯麦号 100 英里以外的地方，对于箭鱼鱼雷飞机来说也是很短的航程。这次进犯的"网线袋"有 15 架之多，几乎是贴着浪尖飞来，高度如此之低，使人误以为它们是静止不动的。一名德国船员回忆道："俾斯麦号像一座喷火的山。"舰上发射的曳光弹五彩缤纷，在天上划出一道道弯弯的轨迹。大炮朝着英国飞机的飞行轨迹拼命开火，企图用水柱和炮弹碎片筑起一道保护墙。俾斯麦号疯狂地左右倾侧，因为舰长林德曼希望以此来躲避鱼雷进攻。就在德舰的快速躲避间，两枚鱼雷砰然落下，击中俾斯麦号。

在俾斯麦号密集的炮火还击下，英国飞机还是难以置信地全部返回航空母舰。它们的进攻已给俾斯麦号致命的一击。第一枚鱼雷落在船体中央，正好打在厚厚的装甲上。船身进了一点水，但损失不算严重。第二枚鱼

远海舰队

海军奖章分类

　　1940 年 4 月 10 日和 11 日的短短两天内，在通向纳尔维克港的狭窄峡湾里，英国皇家海军击沉或迫使搁浅的德国驱逐舰竟有 10 艘之多。当年的 6 月，为表彰驱逐舰全体官兵在以上战役中表现出的英勇反抗精神，德国海军司令雷德尔决定增设"驱逐舰战斗勋章"（右下图），授给纳尔维克驱逐舰编队。

　　雷德尔后来把所有驱逐舰纳入"驱逐舰战斗勋章"的授予范围，只要它们符合某些标准，如海上反击、受伤及立功行为。由"驱逐舰战斗勋章"发端，海军总部此后一年批准了本页所列的军功章，对有功的水面船只进行嘉奖。

辅助巡洋舰

巡逻艇和鱼雷艇

海上设障扫雷艇

猎潜艇及护卫舰

驱逐舰

雷在船尾处炸开，受损最厉害的是方向舵控制室，卡住
了一对大大的方向舵。俾斯麦号左避右闪全靠它，被炸
后方向舵给锁死在左舷 12 度上了。于是，俾斯麦号陷
入了无休止的转弯中。此时，一直在后边跟踪的萨福克
号出现，但又被这艘失控的巨轮吓跑。俾斯麦号的速度
渐渐慢下来，潜水员潜入浸了一半水的后舱，希望维修
失灵的方向舵，几千吨的海水把他们逼了出来。船舱进
水越来越多，使得军舰已稍稍向左侧倾斜。林德曼试图
以螺旋桨来恢复平衡，他下令一前一后引擎分别全速转
动，但也无济于事。一个潜水员历尽千辛万苦，终于潜
到一对方向舵的联结器处，但他发现方向舵已死死卡住。
一位军官提议用炸药把卡死的方向舵炸开，众人立即否
决了这个主意，他们担心爆炸会波及附近的 3 个螺旋桨，
若连螺旋桨也坏了，俾斯麦号可就完蛋了。况且此时俾
斯麦号处在巨浪滔天的远海，想做舷外维修也不可行。
俾斯麦号只能顺着西北风，在风浪中颠簸，徐徐行进。

　　驶回法国的希望完全破灭了。"经验丰富的船员把
方向舵被卡住的消息，当成俾斯麦号和全体船员的死刑
通知书。"雷希贝格回忆道。一位船员概括地说出了众
人的心里话："今天，我的妻子将成为寡妇，尽管她现
在还不知道。"舰长林德曼从胡德号被击沉的一刻起，
就想着如何奖励枪炮官施耐德及其他官兵。林德曼看着
形势如此之坏，那干脆现在就论功行赏罢了。他向吕特
晏斯提议，授予施耐德骑士铁十字勋章。吕特晏斯立刻

1942 年 8 月，在巴西附近的海面上，英国货船达豪西号受到德国辅助巡洋舰斯蒂尔号（图左）截击，从船尾开始沉入大西洋（图右远处）。这幅图片是从另一艘"海上杀手"米歇尔号上拍得。

把这个提议电报柏林。副官把这封电文递给希特勒，希特勒只是点头表示同意。这仅仅是哀荣而已。

当天晚上，英国战列舰没有立即进攻。托维从空中侦察报告得出结论——俾斯麦号已受重创，因此英舰大部分按兵不动，仅派出一些巡洋舰以鱼雷狙击俾斯麦号。没有一枚鱼雷击中俾斯麦号。5 月 27 日早晨，乔治五世号和罗德尼号向俾斯麦号发起猛烈攻击。8 点 47分，罗德尼号 16 英寸大炮打响头炮，当时位置距离德舰 12.5 英里。差不多 1 分钟后，乔治五世号也以 14 英寸炮开火了。巡洋舰诺福克号和多塞特郡号很快加入战团，两艘英舰在俾斯麦号左舷那边，8 英寸大炮随即炮声大作。

俾斯麦号不屈地还击，唯一的缺陷是炮手精神疲惫，瞄准目标常有偏差。9点，英舰终于找到开炮的感觉。一枚16英寸大炮的炮弹击中俾斯麦号船首炮塔之间的地方，两个炮塔立即"哑"了；另一枚炮弹落在前甲板上；一枚炮弹击中上部结构，立即燃起大火，不巧的是，来自萨福克号的一枚炮弹把前部火炮控制中心炸烂。这

英舰罗德尼号16英寸舰炮向俾斯麦号发射炮弹，落在即将沉没的俾斯麦号周围，激起烟雾和水柱。拍这幅照片之后的数

分钟内，罗德尼号找到准头了，摧毁德国超级战舰的序幕随即拉开。

时，罗德尼号大胆进犯，驶至离俾斯麦号只有4英里的地方，开始逐一攻击俾斯麦号的上部结构，平均每次齐射就能破坏三四处地方。俾斯麦号上一个炮塔的后部被炮弹炸中，飞扬的碎片击中舰桥上的船员，造成不少伤亡。炸弹击穿厚厚装甲防护的轮机舱，俾斯麦号前部火势顿时失控；后炮塔和灭火装置因被炸而不能使用，此时俾斯麦号已是毫无还击之力。在一片烟雾缭绕中，尚未被炸死的船员绝望地沿通道或顺着梯子，摸索逃生的方向。有两名船员从着火的船后部跑到上甲板，正庆幸抵达安全境地之际，却失足掉进甲板上的大弹孔，惨死在下面的锅炉里。一些受伤的船员坐在甲板下，伤口不停地流着血，也许下一发炮弹就会送他们上西天。

上午 10 点 16 分，整整 40 分钟的近距离攻击之后，英国人停火歇了一歇。俾斯麦号此时已遭逾 300 发炮弹打击，完全变成一座人间地狱，一堆无望的海上废墟。不过它还能浮在海上，船中部的坚硬装甲到最后都没有给击穿。俾斯麦号的最后一击快要出手了，尽管吕特晏斯一早就阵亡，舰长林德曼此时仍然活着。他下令船员打开通海旋塞，凿沉俾斯麦号。海上"巨无霸"徐徐下沉，漂在海上的船员目睹了一幕无比悲壮的画面——舰长林德曼直直地站在船头，举手曲臂至白色军帽边上，向他的下属行了个传统的海军军礼。之后，俾斯麦号船体翻转，林德曼与他心爱的俾斯麦号没入大海。

英国巡洋舰多塞特郡号和驱逐舰毛里号前来救援。数百名德军掉落海中，只有 110 人获救，因为英舰发现一艘德国 U 型潜艇在附近出没，英舰舰长立刻指挥军舰全速离开现场。德国 U－74 潜艇随后救了 3 名俾斯麦号上的船员，德国一艘拖网船也救了两名。俾斯麦号 2206 名官兵中，只有 115 人生还。

俾斯麦号的沉没，导致德国远海舰队全部瘫痪。俾

战列舰俾斯麦号沉没后，英国巡洋舰杜雷斯特郡号赶来救援。俾斯麦号的生还者爬上英舰垂下的救生索，得以保存性命。随后杜雷斯特郡号因发现附近有德国 U 型潜艇出没而提前离开，剩下数百个德国船员在冰冷的海水中苦苦挣扎。

斯麦号作为国威的象征而被英国人摧毁，使得希特勒格
外愤怒。他命令雷德尔不得再向大西洋派出水面舰只。
当时雷德尔能召回的军舰只有沙恩霍斯特号和格奈泽瑙
号，截击商船的欧根亲王号随后也因机械故障返回军港。
雷德尔把3艘重型军舰安排停泊在法国港口，以此来迫使英国大型军舰必须留在近海戒备，但德国大型战列舰能做的也是停在港口而已。雷德尔后来说道："痛失俾斯麦号，是我们海战失败的决定性因素。"

德国仍然尽可能给英国的海上运输施加压力。雷德尔派出第二批"海上杀手"，这批舰艇形体较小但装备同样精良，依然是伪装成没有杀伤力的商船，游弋海上伺机出击。5 艘"海上杀手"——托尔号、米歇尔号、斯蒂尔号、科麦特号及托戈号在 22 个月的时间内，击沉了吨位总计 26300 吨的盟军船只，不辱使命。可惜这些辅助巡洋舰最后因运气不佳，沦为英国皇家海军的猎物。然而，它们的海上截击对盟军来说不过是皮毛之伤，能够重创盟军舰只的仍是大型的军舰。奇怪的是，正是希特勒，这位自称的"海上懦夫"，再次下令雷德尔派遣军舰出击。

1941 年夏天，希特勒担心英国会夺回挪威，进而从侧翼包围德国。直觉看起来会这样，而他的直觉一向很准。他也觉察到越来越激进的美国会参战，若美国参战，北极海域就很可能成为美国支援苏联的必经之路。为以防万一，希特勒命令德国公海舰队集结在挪威峡湾里。此时，俾斯麦号的姊妹舰提尔皮茨号已装备完毕，随时可投入战斗。两艘现存的袖珍战列舰吕措号和希尔号、欧根亲王号的姊妹舰希佩尔号也可应战，当然少不了最佳战斗编队——沙恩霍斯特号和格奈泽瑙号及欧根亲王号。除了在法国布雷斯特港口的三艘之外，在德国军港的军舰向北进军挪威并非难事。

德国空军此时已无暇顾及停泊在布雷斯特港的德国海军舰只，英国皇家空军的轰炸随时可能发生。对于德舰如何快速撤离布雷斯特港，希特勒提议走捷径——在英国人的鼻子底下，取道英吉利海峡。雷德尔与一众军官齐声反对希特勒的"臭主意"。希特勒的回答听起来非常冷漠——反正那些大军舰没什么用，干脆把他们拆掉，或许还能回收一些大炮和装甲来支援侵挪守军的海岸防卫。

海军立即按照希特勒的提议行动了，奇怪的是，雷德尔等人越想越觉得这个方案可行，真是验证了"最危险的地方是最安全的"这句老话。穿越英吉利海峡关键在于做好保密工作。直到临行的最后一分钟，也只有极少数军官知晓此事。他们单单为这一次行动就编了 6 个代号，以掩饰真正的代号——"冥府守门犬"行动。布雷斯特港的军舰由海军中将奥托·齐利克斯指挥，他是海军里面指挥战舰数得上的好手。德国空军也参与行动，很快就组建了由 250 架梅塞施米特式战斗机及弗克－武尔夫 190 型战斗机组成的空中编队，由阿道夫·加兰充当机队统帅，集结地点为沿海机场。按方案，空中编队将充当海军阻挡英国皇家空军的保护伞。空管员坐镇军舰指挥战斗机。德国空军负责无线电通信的司令官沃尔夫冈·马丁尼将军，制订了一个计划，可在关键时刻干扰英国的海岸雷达。

雷德尔等人大胆地把穿越英吉利海峡的时间定为白天,这个冒险行动一方面可以打英国人一个措手不及,另一方面白天光线充足,有利于战斗机护航以及军舰炮手射击。况且按计划,沙恩霍斯特号和与它同行的其他战舰将在前一天晚上在黑夜的掩护下完成行程的第一段——布雷斯特港至瑟堡,若英军尚未觉察德军的异动,他们将趁机全速航行余下的120英里,抵达多佛尔海峡。到时即使英国大型战舰从苏格兰斯卡帕湾出发截击,沙恩霍斯特号等军舰也能及时驶回德国水域。

"冥府守门犬"行动于1942年2月11日打响,那天晚上新月如钩,黑夜加上顺流,是军舰秘密行动的好时机。当天下午,布雷斯特市戒严,这意味着没有人可以进出布雷斯特港,因此也不会有人能看见军舰出港。这也阻止了英国侦察人员通过秘密无线电发报机向伦敦发报。晚上9点45分,军舰正式驶出港口,以27节的速度驶向瑟堡半岛。如其所愿,黑幕笼罩着天际,海上升起薄雾。从沙恩霍斯特号船尾望出去,齐利克斯中将可辨认出格奈泽瑙号的轮廓,欧根亲王号则驶在格奈泽瑙号的后面,3艘军舰组成完美的队形。6艘驱逐舰在军舰侧面护卫,稍后时间内,又增添了几艘驱逐舰、炮艇、扫雷舰等护卫舰,它们是从法国其他港口驶出来加入舰队的,以保证安全。

2月12日破晓,天气很冷,海上仍然笼罩了一层薄雾,天上飞奔着大片雨云,海天一色灰蒙蒙。德国

在英吉利海峡大穿越的紧张时刻中,沙恩霍斯特号后炮塔发射炮弹,向在图片以外地方的英舰发动攻击,两架梅塞施米特式战斗机在空中戒备。德国战斗机护航,防备英国箭鱼式鱼雷

轰炸机进犯。小图中为英国箭鱼式鱼雷轰炸机，机身用帆布覆盖，为双翼飞机。在此之前，这种飞机对俾斯麦号施加无休止的袭击，使其"瘫痪"在海上。

舰队已航行了 250 英里，其行踪仍然未被察觉，这让齐利克斯非常放心。军舰沿途没有碰上英国潜艇，甚至一向在英吉利海峡上空巡逻的英国皇家空军，似乎也没观察到海上这列飞奔的"长蛇阵"。齐利克斯瑟缩在大衣里，在沙恩霍斯特号的舰桥上喝着热咖啡，等待加兰麾下的战斗机就位。按计划，16 架战斗机将定期飞越舰队上方，每小时会有 20 分钟用来进行机组轮换，总共 32 架飞机前来护卫。齐利克斯担心英国人设陷阱，但他能做的只是耸耸肩，然后继续前行。

实际上，英军还未察觉德国舰队的行动。沃尔夫冈·马丁尼将军的雷达干扰行动做得不露痕迹，在英国肯特郡的海岸雷达监听人员误以为是天气干扰。偶然有一些屏蔽不了的信号出现在雷达上，但也没有引起足够的重视，各地分散的类似发现最后也没有上报海军总部，若海军总部得到这些报告，他们本可以从中发觉德军的异动。第一声警报来自一次偶然的发现。10 点 42 分，英国两架喷火式侦察机在海峡上空追赶德国梅塞施米特式战斗机，目击了海上惊人的壮观场面——一列长长的德国军舰。几分钟过后，英国另两名飞行员在例行巡逻时也从云层中看到以上景象。英国防卫系统终于在接近中午时候启动，电话不断发出指令，皇家空军海岸指挥总部、多佛尔港附近的一支驱逐舰舰队以及鱼雷艇中队、海岸炮兵连都接到了德舰行动的消息。但正如希特勒所预测，英国人的确给打了个措手不及，对这个突发事件

侏儒舰队

在德国海军服役的船只当中，最小、最有用的恐怕要算是侏儒扫雷舰，绰号"矮子"。海军少校汉斯·巴特尔斯的发明，使德国开始建造侏儒船只。他年纪轻轻就担当扫雷舰舰长，负责在卑尔根附近峡湾清理航道，清除英国人布下的水下地雷。

在清雷过程中，巴特尔斯想到小型、易操控的船只比大型扫雷舰更方便，小船吃水很浅，不会误触水下地雷。当时找不到此类船只，于是他在1941年开始独立建造了12艘"矮子"扫雷舰，船体参照芬兰一种水滴型的捕鱼船。侏儒扫雷舰长约35英尺，配6名船员，吃水3英尺深。

巴特尔斯一开始给侏儒扫雷舰安装的引擎太大，装不进扫雷舰窄小的后部。于是，他干脆把引擎和螺旋桨装在船头，然后把船尾削尖，船尾"摇身一变"就成了船头。扫雷舰"头尾互换"后，体型有点不伦不类，但作用非常大，在二战余下的时间里，卑尔根附近航道没有船只触雷。

（大图）一队侏儒扫雷舰整齐地跟着大船，航行在挪威海域上。

（小图）侏儒扫雷舰的船员对军舰的"苗条身材"非常自豪，他们甚至把侏儒捞水雷的图像制成扫雷编队的徽章。

的反应犹豫不决，应变部署零零碎碎。

　　位于多佛尔的海岸炮兵连首先应战，用 9 英寸大炮向罩在薄雾里的德舰猛烈开火，炮弹根本打不中紧靠法国海岸航行的德舰，全都落在一英里开外的海面上。炮兵连发 33 次齐射，德舰皮毛无损，他们只好暂停开炮。中午时分，齐利克斯率领的舰队已成功穿越英吉利海峡的最窄处，即英国多佛尔港与法国卡莱之间的水域，渐渐驶出多佛尔炮兵连的视野范围。齐利克斯心生一丝希

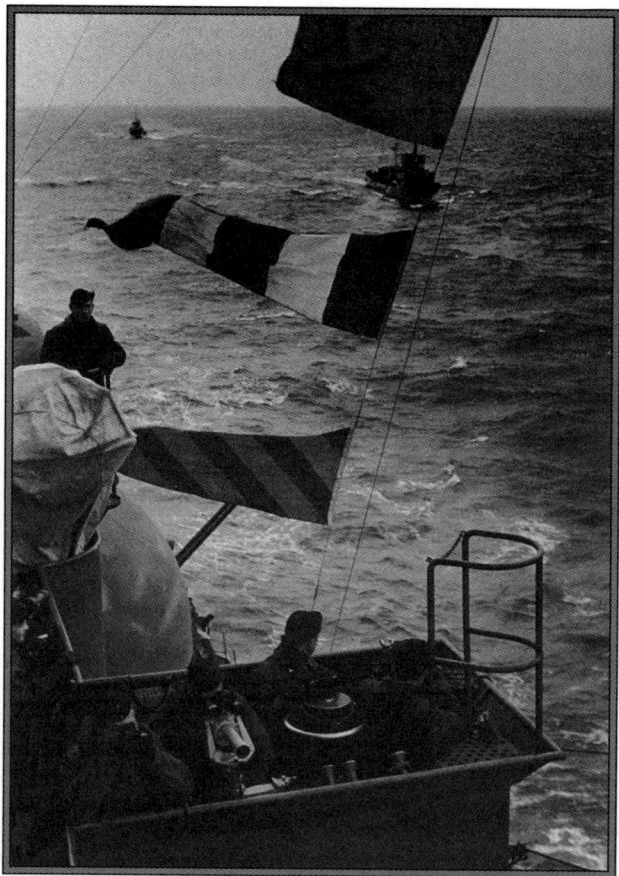

1942年2月12日，战列舰格奈泽瑙号(左图) 在驱逐舰和鱼雷艇的护卫下，穿越英吉利海峡。（右图）欧根亲王号是北移舰队中的第三大军舰，舰上的瞭望兵在审视海面，旁边升起的旗帜代表船速15节。

望——也许真的可以逃过与英国人的恶战。他们在盟军水域已航行了 360 英里，还有 200 多英里就重回德国水域了。

德国舰队驶至比利时奥斯坦德港与英国东南角之间水域，遭遇两艘英国炮艇及一支鱼雷快艇中队。这批英国舰艇由多佛尔港出发，在波涛汹涌的海上以 35 节速度高速追赶德国舰队。它们终于追上了，但又被沙恩霍斯特号与其护航驱逐舰以一轮暴风骤雨般的炮弹赶跑。

鱼雷快艇虽然发了几枚鱼雷，但没一个命中目标。

一波未平，一波又起。德国炮手又要面对新威胁——6架英国箭鱼鱼雷轰炸机轰隆而至。就是这种飞机送俾斯麦号"上西天"的，但这回可不会重演上次的悲剧。即使轰炸机由10架喷火式侦察机护航，加兰麾下的梅塞施米特109型战斗机和弗克－武尔夫190型战斗机只当它们是小菜一碟。德国战斗机以庞大的队形，呼啸迎战。经机关枪和20毫米舰炮的连番攻击，"网线袋"的机翼被"咬"掉，油箱中弹爆炸，覆盖机身的帆布被撕成长条。几架弗克-武尔夫190型战机故意让发动机停转，整个机身压在"网线袋"飞机的机尾部分，极其残忍地压垮箭鱼飞机。与此同时，舰上炮手向海面开火，形成了一道由水和炮弹碎片组成的防御屏障。"网线袋"飞机一架接一架，折翼掉落海面上，最后沉入英吉利海峡。18名英国机组人员中，13人阵亡，5名受伤的落水者由英国船只救起。他们发射的鱼雷也无一命中。

舰队司令齐利克斯在沙恩霍斯特号舰桥上观战，边看边窃喜英国人的应变何其无能。余下来的麻烦将是水雷。"二战"的敌对双方在英吉利海峡布下的水雷数以千计。连日来德国扫雷舰争分夺秒清理航道，不过海上扫雷非常困难，广阔的海域不可能每寸地方都扫遍，况且某些水域安全航道仅宽0.5英里，有时连扫雷舰都自身难保。

似乎真的验证了齐利克斯的担心，沙恩霍斯特号突

1942年8月25日，苏联破冰船亚历山大·西伯利亚科夫号（图中远处）遭德国战列舰希尔号袭击后，沉入巴伦支海。希尔号派出汽艇把生还的船员（图中前景）救起。

然间响起爆炸声，船身也摇晃了几下。接下来的情况更不妙：轮机停转，排水量达38092吨的沙恩霍斯特号"抛锚"了。工程师检查部件后证实水雷把装甲和螺旋桨炸坏了。齐利克斯担心维修螺旋桨要花很长时间，他命令驱逐舰Z-29号驶到沙恩霍斯特号边上，把舷梯放下之后，他敏捷地跃到驱逐舰上。Z-29驱逐舰就这样"升格"为舰队司令的旗舰，加大马力追赶前方的大部队。

英国人至今仍没有组织起协调的攻势。两支博福特轻型轰炸机中队腾云驾雾而来，谁知其中不少飞机连鱼雷都没装上，其他飞机则错过了预定地点，未能与战斗机会合。最后，只有几架博福特飞机找到德舰的海上位置，但零星的空中打击丝毫不起作用。此外，一支洛克希德·赫德森中型轰炸机中队扔下的炮弹，也打了水漂。

1942年初，为应付吉凶未卜的英吉利海峡之行，停泊在法国布雷斯特港的欧根亲王号加强火力，舰上一队炮手正在欧根亲王号上钻孔，准备装嵌4联装20毫米防空舰炮。

162

　　这边，英国的截击徒劳无功；那边，沙恩霍斯特号上的工程师已为该舰做了临时修理，随即向北疾驶追赶大部队。齐利克斯率领的大部队虽因连日风雨兼程而显得有些疲惫，但仍以高速行驶。他们已行至英吉利海峡较宽的海域，即比利时海岸开外的地方。就在这里，英国皇家海军抓住最后机会发动进攻，执行打击任务的竟是两支船龄已届二十的驱逐舰舰队。这 6 艘驱逐舰驻扎在哈威克，一般只用作追赶 U 型潜艇，偶尔也与德国鱼雷艇交火。驱逐舰舰队的追击之旅可谓多灾多难，它们刚驶出泰晤士河河口时就遭到两架德国轰炸机的袭击，过了不久又遭皇家空军双引擎轰炸机误炸。舰上一位船员咕哝道："这又是哪里来的空军？我们今天真是倒大霉了。"幸运的是，没有一枚炮弹击中它们。下午 3 点 17 分，在前面领头的驱逐舰坎贝尔号及两艘姊妹舰生机号和武斯特号，向巨大的格奈泽瑙号发动攻击；其他 3 艘驱逐舰则转向攻击欧根亲王号。

　　德舰上的瞭望兵对此惊讶万分，他们预料英军会有所行动，但想不到挑战他们的竟然是"小不点"。英舰驶至与德舰平行的位置，准备发射鱼雷，格奈泽瑙号与它的护卫舰当即在舷侧向它们开火。炮弹如暴雨般掠过水面，弹片纷纷撒落在坎贝尔号和生机号周围。武斯特号受到了一系列重击。格奈泽瑙号从 3000 码远的地方，向武斯特号近距离连续 3 轮齐射，武斯特号的甲板被炸开，舰桥给炸掉一部分，轮机舱更是炸成碎片。格奈泽

瑙号的炮火转向其余两艘英舰，武斯特号的残骸由一艘救援船拖走。坎贝尔号和生机号见情况不妙，急忙躲入浓雾中，侥幸逃过大难。另外 3 艘驱逐舰也是无功而返，齐利克斯舰队的毫发未损。

当天下午晚些时候，不断有英国皇家空军轰炸机在舰队上空呼啸掠过，迎接它们的是格奈泽瑙号和欧根亲王号发出的高射炮火。天气越来越坏，不久密云严严实实地把舰队掩盖住了。刚到 Z - 29 不久的舰队司令齐利

这幅图片从提尔皮茨上拍得。1942年7月5日，袖珍战列舰希尔号与重型巡洋舰希佩尔号一道，连同护卫舰驶出挪威峡湾。3艘大军舰奉命截击PQ17船队，但它们尚未驶出峡湾，截击任务就被取消了。

克斯又要换船了。驱逐舰上一枚防空炮弹自爆，炸中一条输油管道，致使驱逐舰航速减至25节。另一艘驱逐舰赫尔曼·舍恩曼号在Z-29旁边航行，但因为当时风高浪急，穿过去绝对是不可能的。足智多谋的齐利克斯很快想出了对策，他命令军舰放下小驳船，然后他顺着悬梯爬到驳船上，他在小驳船上看到沙恩霍斯特号以全速25节从后赶上来了，顿时心潮澎湃。不过，他只得顺悬梯爬上赫尔曼·舍恩曼号，赶紧号令驱逐舰全速前进。

　　前方是德国北移舰队的最后一道关口——弗里西亚群岛间的狭窄通道。7 点 55 分，天空突然划过一道白色亮光，响起震天的爆炸声。格奈泽瑙号触雷，接近船尾的装甲给炸开一条大裂缝。损伤处理小组迅速用一块钢板补住裂缝，格奈泽瑙号仍能继续前行，但速度大减。翌日早晨，格奈泽瑙号终于抵达易北河河口。下锚时，锁链发出隆隆声，舰长敲钟示意胜利，引擎随之停下来了。历尽千辛万苦的船员尽情欢呼。过了一会儿欧根亲王号赶到，船员照例欢庆一番。

　　掉在后面的沙恩霍斯特号不幸再次触雷，维修人员就着弧光灯奋战 3 小时，终于又让"巨无霸"开动起来，舰长发出幽默的信号："以 12 节勉强航行。"齐利克斯指挥赫尔曼·舍恩曼号中途转向，指挥这艘小小的旗舰驶进威廉港。之后，齐利克斯在他的船舱里接见了各军舰的舰长，听他们的汇报，少不了要大肆庆祝安全转移。他向柏林发了如下电文："我以舰队司令的名义谨此通告，'冥府守门犬'行动胜利完成。"他给雷德尔拍发的私人电文中加了一句："这是海军历史上绝无仅有的冒险行动，我们缔造了历史，人们将传颂我们的事迹！"

　　英吉利海峡大穿越虽然成功，但正如我们现在所了解的，其结果却有点惨淡。格奈泽瑙号触雷受损，之后又遭英国轰炸机的袭击，彻底粉碎了它重返战场的希望。沙恩霍斯特号的维修工程耗时 6 个月，待它重新出征的时候，强大的英国海军候个正着。不过，雷德尔麾下的大部分主要战舰，都安全转移至挪威海域。1942 年 1 月中旬，提尔皮茨号向北起航，同时出发的还有吕措号、希佩尔号及 12 艘驱逐舰。它们隐藏在挪威峡湾里，但英国人从未进攻挪威，希特勒的直觉这次彻底错了。但德国部署军舰在此，的确能对英国施加威胁。

1941 年下半年，英国开始派出商船队，载上飞机、坦克、卡车和其他战争物资，取道北角运送到苏联。1942 年春天，德国对这条航线发动攻击，迫使英国放弃援苏行动，世界最北的海域成为盟军与德国的必争之地。这里单说天气就够可怕的了。英国船队在冰岛附近海面集合，之后船队与护卫舰沿着挪威的北角全速前进，接着进入巴伦支海，向着苏联港口摩尔曼斯克和阿尔汉格尔斯克驶去。寒冷的北极风经常如飓风那么剧烈，卷起 70 英尺高的巨浪。结冰的浪花被飓风刮到船上，积累起来的重量常常可把小船倾覆，这是驶经此处的船只必须提防的。不过，在英国援苏的早期，大部分船只都能熬过 2500 英里的征途，损失也不算大，北极冬季长长的极夜也能为船队提供黑幕掩护。随着春天来临，日长夜短，黑幕掩护消失了，摩尔曼斯克大逃亡就要开始了。

袖珍战列舰提尔皮茨号参与了对援苏航线的第一次重大打击，但这次行动出师不利，提尔皮茨号差点遇上不测，步俾斯麦号后尘。声名显赫的奥托·齐利克斯指

挥提尔皮茨号，于 1942 年 3 月 29 日从挪威特隆赫姆港
出发，向北航行截击英国船队 PQ12。此时已有一支强
大的英国军舰在北边等候它。提尔皮茨号出发两天后，
柏林终于察觉英国人的阴谋，连发指令。提尔皮茨号立
刻掉头，急忙返航。

　　提尔皮茨号几乎"出师未捷身先死"，让希特勒非
常忧虑。他下令不准贸然派出大型军舰出征，除非确认
出征海域周围没有英国航空母舰。这个禁令让雷德尔大
为光火。德国空军根本没有为出征舰队进行空中护航，
也没有提供多少侦测报告。雷德尔把这个问题捅到希特
勒那儿。不久，被希特勒训了一通的戈林向挪威北部派
出亨克尔-111、115 等轰炸机中队，其中一些飞机刚经
过改装，新近才携带上鱼雷。到 6 月中旬，北角附近的
空域已集中了近 264 架战斗机。还有 12 艘 U 型潜艇在
挪威海域巡游，执行打击船队的任务。

　　海空联合作战果然不同凡响。到 6 月下旬，德国空
军和海军一共破坏了 4 支船队。即使如此，英国 PQ17
船队还是从冰岛出发了，同行的船只非常多，装载的货
物也非常重要——35 艘商船，载着装甲车、轰炸机等
物资，总值 70 亿美元。船队的护卫舰也是重量级的，6
艘驱逐舰和 13 艘小型船只随船护卫。4 艘航空母舰和 3
艘驱逐舰在不远处护卫。而英国本土舰队的大部分则从
斯卡帕湾出发，充当远程护卫，航空母舰维多利亚号、
新下水的 35000 吨战列舰约克公爵号及美国战列舰华

盛顿号加上两艘巡洋舰、14 艘驱逐舰也在阵中。当时美国已参战，所以美国军舰也顺理成章地成为行动的一分子。

德国侦察机和 U 型潜艇迅速锁定了船队的位置。海军上将胡贝特·施蒙特在纳尔维克发号施令，他命令绰号"冰上魔鬼"的 U 型潜艇跟踪船队。U 型潜艇跟上前去，结果给随行护卫的大群驱逐舰炸得七零八落。7 月 2 日，船队的防空大炮对德国亨克尔-111 轰炸机予以还击。德国飞机因此未能造成太大损失。这次攻击中，一架亨克尔-115 型水上飞机发生了惊险一幕——他们在船队正前方紧急降落，船员还侥幸爬上一艘黄色小舢板。英国驱逐舰维尔顿号当即追杀落水飞行员，因为维尔顿号舰长认为"若今天我们饶过这些人，他们可能明天就回来，把我们都击沉"。这时，另一架亨克尔-115 型水上飞机无畏地飞进炮火中，把同僚救起，然后又巧妙地穿过枪林弹雨，胜利返航。

7 月 4 日，PQ17 船队已损失了一艘自由美国轮和一艘苏联油轮，不过它们仍保持整齐的队形，预计大部分货物都能安全运达苏联港口。当天晚上，伦敦海军总部突然向约克公爵号传来紧急电文："机密。紧急。由于受到水面舰只的威胁，船队散开，继续驶向苏联港口。"更坏的消息是两支大型空中护卫队将临时结束护航任务，向西返航。

瞬息间发生这么多变故，随行护卫舰的司令官吓得发愣。海军总部突然召回军舰和飞机，意味着英国已得知以提尔皮茨号为首的德国舰队将对船队发动截击的情报。但让护卫舰匆匆离场，让船队散开是否明智？船队在深海受到大型战舰袭击，标准的应变对策就是疏散。但在挪威以北的狭窄海域，这种应变将会自取灭亡。尽管护卫舰领队心里不愿意，他也只能服从总部的决定。7月4日晚至次日早晨，护卫舰陆续掉头驶开，PQ17是生是死，就看它的运气了。

疏散船队的决定直接由英国最高级别的海军上将达德利爵士发出。他分析了一些关于提尔皮茨号行将截击的零碎情报后，得出这个结论。达德利认为，本土舰队距离船队太远，随行的巡洋舰和驱逐舰恐怕打不过德国的大军舰，因此与其让军舰送死，不如牺牲船队。达德利的决定让他的高级参谋忧心忡忡。

事实上，提尔皮茨号、希佩尔号及希尔号在前一天就开始行动了，不过它们只是向挪威海岸的另一个停泊点进发而已。正当它们想有所行动时，截击行动却因希特勒的禁令——除非确证附近海域没有英国航空母舰出没，否则大型军舰不准出击——而废止了。驻扎在挪威的德军没有截收到达德利发出的指令，次日他们意识到了船队的异常情况。侦察机及 U 型潜艇不断发回振奋人心的消息——PQ17 队形业已散开，驱逐舰与巡洋舰逐渐消失在天际。船队继续横越巴伦支海，拖网船殿后戒备。它们的防卫武器微不足道，小型护卫舰上也只有轻型武器。

8点27分，德军的海上大屠杀开始了。U型潜艇首开杀戒，发射的鱼雷击沉一艘刚下水不久的英国货船拜伦帝国号，接着是美国货船卡尔顿号。德国轰炸机击中美国货船丹尼尔·摩根号及华盛顿号，另一艘美国货船霍诺姆号也被U型潜艇击沉。截至当天傍晚，德国的统计数字显示PQ17船队中的货船仅剩下7艘货船。PQ17的情况的确坏透了，17艘船勉强驶至新地岛，隐进岛上峡湾以躲避敌人的追击。有几艘船试着重新起航，不料又遭到德国轰炸机和潜艇的伏击。PQ17船队从冰岛出发时，共有35艘船，结果只有11艘船最终抵达苏联港口。人员货物伤亡非常巨大：153名海员丧生，430辆坦克、210架飞机及99163吨一般物资沉入大海。

总的来说，PQ17损失惨重，根源在于英国畏惧德国超大型军舰提尔皮茨号。而实际上，在德国截击船队过程中，提尔皮茨号一直停泊在港口。提尔皮茨号或其他大型军舰一弹未发，德国就打赢了这一仗。

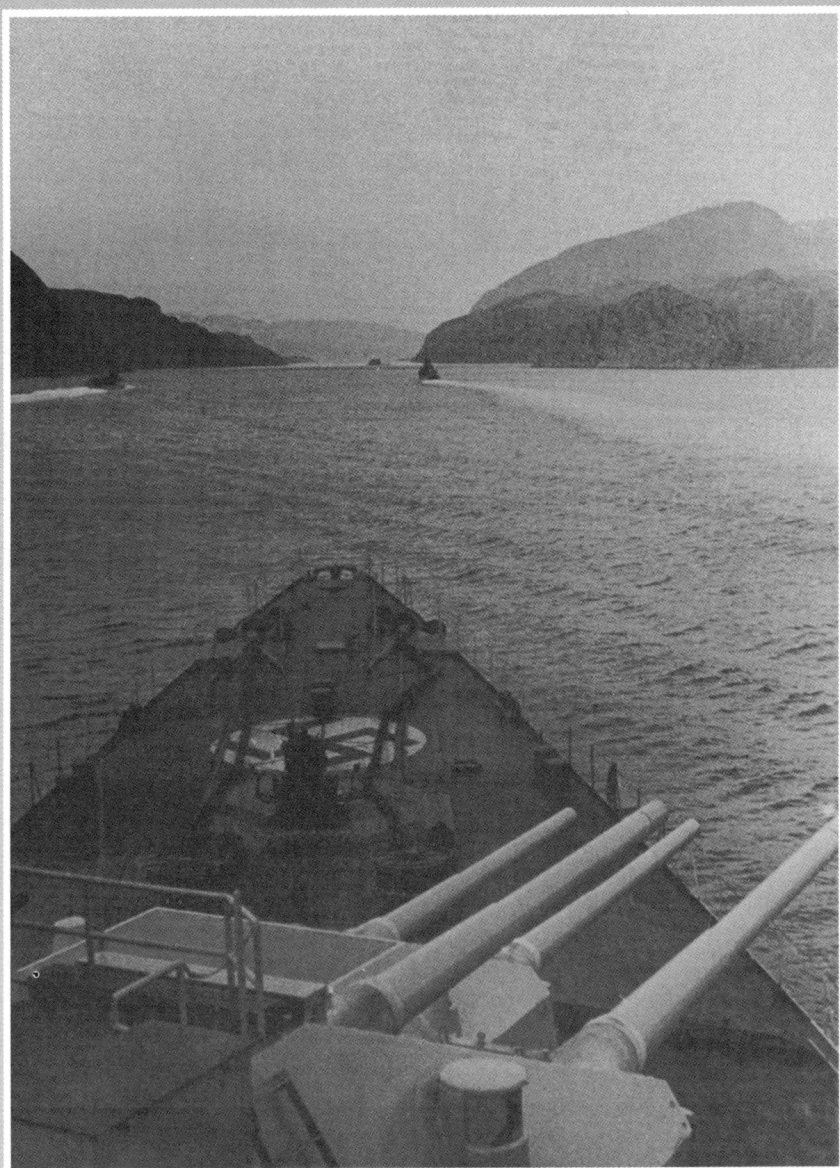

1942 年，重型巡洋舰欧根亲王号带着损伤，定期在挪威的水域上巡逻，舰上 8 英寸舰炮处于戒备状态。

"打不死"
的军舰

欧根亲王号船尾被鱼雷重创后，几乎与船身脱离，在海上形成明显的尾流。

重型巡洋舰欧根亲王号早在1942年率领舰队出征挪威之前，就以"打不死"赢得美誉。差不多1年前，俾斯麦号遭遇不测而沉入大海，欧根亲王号侥幸逃过劫难；它在布雷斯特港经受住了英国皇家空军的轰炸；它胜利完成了英吉利海峡大穿越。如今，希特勒把海军力量北移，欧根亲王号将又一次显示它"打不死"的本领。

整整3天风雪交加，无疑给舰队提供了绝佳的掩护，但恶劣天气及长时间的战斗准备让船员疲惫不堪。由于海上能见度非常差，且欧根亲王号已开始接近特隆赫姆港（德国在挪威中部的大型海军基地），舰队司令奥托·施尼温德命令军舰速度减至18节。此时，4艘英国潜艇正潜伏在特隆赫姆峡湾外。2月23日拂晓，其中一艘潜艇三叉戟号向欧根亲王号发射鱼雷，正打中舰尾。尽管欧根亲王号的螺旋桨和轮机侥幸未受损伤，但全部12个锅炉的安全阀均被震开，方向舵被船尾的爆炸碎片卡住，方向被锁死在左舷10度的位置上。

欧根亲王号现在如同一只任人宰割的水鸭，但它的运气又一次力挽狂澜。两小时后，工程师靠不断转变右舷和中螺旋桨的转速，再加上左舷船员的配合，军舰又能航行了。舰长赫尔木斯·布林克曼指挥军舰驶回原航线，拖着受损的船尾缓缓驶入峡湾——这里既是它的避难所，又将是它的牢房。

　　欧根亲王号船尾处响起爆炸声，激起高高的水花，这让船员以为一枚英制鱼雷并未击中他们，在船后的水面提前爆炸了。正当他们庆幸的时候，又响起一声巨响，军舰当即在海面摇摆不定。

　　在第二枚鱼雷的爆炸声中，扇形艉下面的船舱损伤最严重，里面住着一些水手和200名从德国休假回来的陆军。有关方面命令陆军士兵躲在甲板底下，有些更是被藏在吃水线以下的地方。爆炸过后，他们急切地敲打船壁求援，后来连敲打声都消失了。但神奇的是，船员稍后清点人员时，只发现5人死亡，28人受伤，其他人毫发无损。

　　冬夜沉沉，欧根亲王号停泊在特隆赫姆港里。受伤士兵被抬上岸接受治疗，阵亡士兵则下葬在该市的军人墓地里。受伤人员中有两人是欧根亲王号水上飞机的机组成员，在第一次鱼雷袭击后，他们正准备驾驶飞机侦察潜艇，谁知出师未竟已挂彩。

鱼雷袭击
过后

受鱼雷打击后,阳光射进欧根亲王号的船尾,照出满目疮痍,可见爆炸威力之巨。

伤员被紧绑在担架上,等待被送上岸治疗。伤亡士兵当中过半是陆军士兵,他们在德国休假完毕后返回挪威。

船尾亟待
动大手术

1938 年，希特勒及各国贵宾云集基尔港日耳曼沃克船厂，出席欧根亲王号的盛大下水礼。欧根亲王号的名字是为了纪念欧根亲王，18 世纪奥地利帝国的陆军元帅。这艘巨大的军舰排水量为 14800 吨，船尾周长为 654 英尺。4 年之后，欧根亲王号遭英国鱼雷袭击，船尾长达 45 尺的部分下垂欲坠。爆炸冲击波使后甲板剧烈倾斜，只是靠柱子支撑使之不至于断裂。

截去毁损的船尾，更换受损的舷侧和船底的装甲，这些任务都非常艰巨，因为其中涉及水下切割和烧焊。海军派出艾荣·斯特鲁布切，总管欧根亲王号的修理事宜。正是这名出色的海军工程师，上一年也曾经指导欧根亲王号的修复工作。当时停靠在布雷斯特港的欧根亲王号，突然受到英国轰炸机的袭击，炮塔及控制舱在袭击中受重创。

欧根亲王号船员注视着沉入水中的扇形艉，心中盘算着要在离德国那么远的地方，进行如此大的维修工作，前途非常不妙。

欧根亲王号船员在舰上三五成群闲坐着，远处是防止潜艇袭击的防护网。

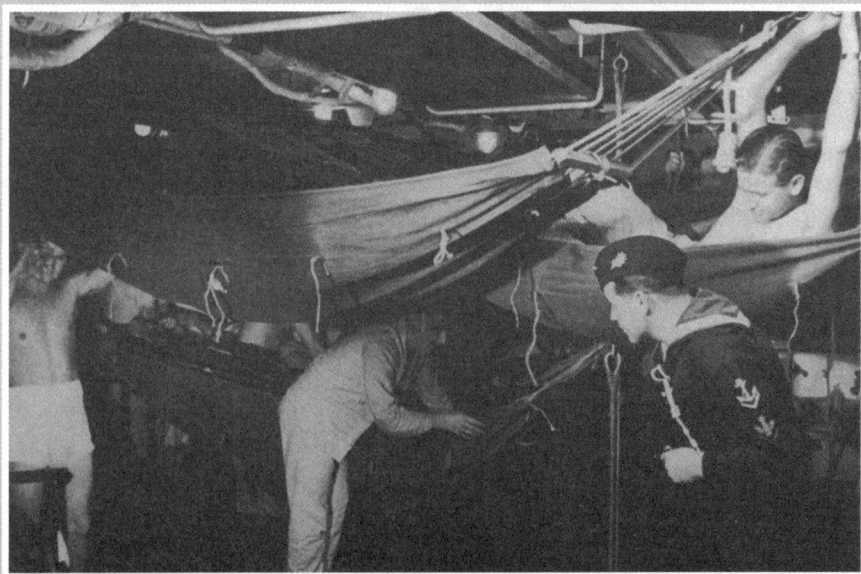

欧根亲王号下甲板完好无损，这里架着拥挤的吊床，水兵暂时在此栖身。

与无聊时光作战，
与英国皇家空军对抗

欧根亲王号上4.1英寸舰炮发射炮弹，击退英国飞机。

欧根亲王号停泊在特隆赫姆港维修需时数周，停船的日子对于常年征战的海军来说同样是无聊的，无聊的日子还时不时因英国空军的袭击而打断。英国皇家空军也对停泊在1英里外的德舰希尔兹大肆进攻，停靠在更远处的提尔皮茨号同样未能幸免。

德国的高射炮有效地阻挡了英国空军的袭击。大约有24枚炸弹在欧根亲王号近距离范围内爆炸，造成的损失也极其有限。欧根亲王号虽然"腿瘸"走不了，但它还照料了几个战俘——1架英国轰炸机被舰炮击落，5名落水机组人员被欧根亲王号船员救起。

与此同时，欧根亲王号船员不停进行军训——射击、体能训练，包括野外拉练及越野滑雪训练等，甚至还包括一对一徒手搏击，为的是使船员能保持体格健壮，迎接即将到来的战斗。

救援索把一个方向舵吊到欧根亲王号上，准备安装。这个临时的方向舵有着长长的轴和锋利的边缘。

海军工程师艾荣·斯特鲁布切及其手下面临的挑战是，如何让截短的欧根亲王号在缺乏方向舵的情况下，克服艰难的航程顺利驶回基尔港。基尔港是欧根亲王号的故乡，在那里它可以重做一个后部，而特隆赫姆港没有足够大的干船坞，不能把欧根亲王号拖上岸来维修，因此维修只能在海里进行。焊工必须待在一艘与欧根亲王号并排的船上，给欧根亲王号烧焊、修补裂缝，但这样做极易造成欧根亲王号脆弱的后部完全断裂。

由于欧根亲王号多处受损，若还在原来中线位置重装一个方向舵，维修时间将再延长5周。斯特鲁布切想出了一个折中方案：安装上两个较小的方向舵，位置各依着重造的后部舱壁两边。因方向舵与舱壁连成一体，所以两个方向舵就一前一后地运作。方向舵操控系统用钢索系着，一直连到甲板上的一个绞盘机上，绞盘机用马达转动，若电力出现故障，它也能用人力推动。

4月底，后备方向舵从基尔港运抵。6天后，欧根亲王号准备下海试航，为驶回德国做准备。

180

体型短了，但能出海

　　1942年5月的一个早晨，欧根亲王号全体船员列队站在船沿，准备在特隆赫姆峡湾试航，检验维修工作。

人力转舵

在军官的注视下，一队船员尝试用人手来推动欧根亲王号的新方向舵。

特隆赫姆港的防潜网打开缺口，让欧根亲王号在一只小拖船的牵引下驶出港口，在峡湾进行修复后的试航。

欧根亲王号出海试航，将在高速航行中检验人力推动方向舵的可行性。问题立刻就冒出来了——欧根亲王号不断冒着黑烟，军舰也不如以往那般操控灵活了，因为它的转动半径是原来的两倍。而且，若速度低于18节，欧根亲王号就会侧向一边。

欧根亲王号舰长布林克曼深知，当地的亲英居民已把这一切都看在眼里，于是他指挥军舰驶至贝特斯达特峡湾，远离那些窥视的目光。在此，他让欧根亲王号船员接受一个超强的训练。训练结果使他坚信，即使是用人力转舵，航速也可以达到28节。

5月16日，欧根亲王号与护卫舰一道，驶出鱼雷防护区，与平时的试航无异。然而，欧根亲王号这次是真的驶回基尔港了，它们沿着特隆赫姆以南冰封的海岸航行。欧根亲王号一行"艺高胆大"，竟敢取道奥克赛巴森海峡，人们认为像欧根亲王号这么大的军舰，就算是在最佳情况下都不可能通过这狭窄的海峡。

归家路漫漫

欧根亲王号在挪威开外海岸遭到英国飞机袭击，舰上主炮指挥官保罗·舒马伦巴赫海军少校大声发令，组织炮火还击。

挪威的春天开始日长夜短，欧根亲王号一行能享有的夜幕掩护越来越短。1942年5月17日，一位德国人所言的"第二次海峡战役"爆发了。欧根亲王号及其护卫舰正绕着挪威和丹麦之间的弯曲海岸线航行，遭到英国飞机的沉重打击。一个英国轰炸机中队对德舰一行猛烈轰炸两个小时之久。这个中队由24架飞机组成，包括布伦海姆、赫德逊等机型。轰炸机连番打击之后，又来了27架低飞的鱼雷飞机。

德国人以高射炮还击，并有6架梅塞施米特式战斗机前来增援。德国人声称这次战斗中双方折将22人，不过英国宣布的阵亡人数低于这个数字。欧根亲王号在轰炸机和鱼雷飞机的交叉射击中，快速地灵活转舵，竟然奇迹般地毫无损伤。翌日傍晚，欧根亲王号抵达基尔港，再次逃过大难。

欧根亲王号8英寸舰炮还击英国皇家空军，发射后炮口冒出一阵浓烟。图前方所见的为4.1英寸舰炮，它的射程不足以对付皇家空军的轰炸机。

4. 决战冰海

1942 年 12 月 30 日晚上，海军上尉卡尔·海因茨·赫布施莱布指挥潜艇 U-354，在挪威冰冷的海面上巡逻。突然，一个眼光锐利的瞭望兵发现海平面有动静。他们借着极光用双筒望远镜观察，隐约辨认出约 6 艘盟军船只，连同几艘较小的护卫舰，正快速向东驶向苏联摩尔曼斯克港口。赫布施莱布锁定盟军船只的位置为熊岛以南 50 英里，并把这个情报火速发回柏林的海军司令部。

雷德尔接到情报后，喜悦之情溢于言表。他觉得终于等来了一次让水面舰队大显身手的好机会。6 个月前德国海军横扫英国船队 PQ17 大获全胜，却让海军有点不是滋味。英国人惧怕碰上战列舰提尔皮茨号等大型战舰而匆忙解散了船队，但希特勒有令在先——大型战舰不宜贸然出击，因此德国空军及 U 型潜艇一举歼灭英国船队 2/3 之多，提尔皮茨号等大军舰眼睁睁地看着别人立下大功。"他们本该让我们也发动一次小小的攻击，"重型巡洋舰希佩尔号第一行动指挥官汉斯·J. 赖尼克抱怨道，"天知道他们怎么想的，他们本可以等我们击沉几艘货船后，再把我们召回。半路中途被别人叫回来，这让我们多伤心。"

1943 年 2 月，排水量为 38000 吨的德国战列舰沙恩霍斯特号在北冰洋上乘风破浪前进。海上气温非常低，飞溅的浪花附着在军舰的铁壳、甲板、舰炮上，瞬间就结冰了，有的竟厚达一英尺。

德国驱逐舰上的官兵也认为自己被骗了。一位愤怒的军官把提尔皮茨号等大型军舰称为"恶兆之鸟"，而驱逐舰又老是摆脱不了，仿佛是用铁链锁在一起联合行动。他哀叹道："我们的情绪坏透了，我们连看着别人打仗的机会都没有，号称'舰队核心'的驱逐舰只能待在港口，哪儿都去不了。"这次，看来水面舰队可以一洗多月来的郁闷，尽情上阵厮杀了。

接到 U-354 的情报后，雷德尔命令启动"彩虹行动"，这个行动数周前已制订好，因为他当时已察觉盟军将恢复经苏联北部港口进行海上援苏。他指示海军中将特奥多尔·克兰克向希特勒汇报。克兰克当时派驻在

代号"彩虹行动"的截击英舰计划在巴伦支海受挫，袖珍战列舰吕措号是行动中的一艘关键军舰。吕措号原名德意志号，于 1931 年下水，为德国第一艘袖珍战列舰。希特勒担心军舰一旦被击沉将影响国人士气，故命令德意志号改名。

希特勒东普鲁士的总部（俗称"狼穴"），充当海军军
部代表。

当天晚上 6 点，德国巡洋舰司令海军中将奥斯卡·
库梅茨指挥重型巡洋舰希佩尔号，驶向挪威巴伦支海。
这里海岸与高山犬牙交错，长约 1000 英里。随同希佩
尔号出征的德舰还包括袖珍战列舰吕措号和 6 艘驱逐
舰。海军总部颁令库梅茨指挥舰队出征，还捎带一声警
告："避免与敌军的强大攻击力量对攻，除此之外则根
据战术情况把敌人消灭。"库梅茨一行尚未驶出峡湾，
就又接到总部的第二次警告。雷德尔的总参谋长屈特·
弗里克中将告诫说："为避免巡洋舰冒重大风险，遇到
实力相等的敌军时，请慎重判断。"弗里克的言外之意
纯粹是为了再次强调希特勒的禁令，但他的告诫却对即
将施行的军事行动产生重大影响。

库梅茨此行的猎物是 JW51B 船队（英国当时用 JW
取代 PQ 作为船队代号，起始的数字本应是 1，也用 51
代替），JW51B 船队圣诞节前已从苏格兰起程，船队
由 14 艘商船、6 艘驱逐舰及 5 艘较小的护卫舰组成。
一艘驱逐舰在起航不久罗盘失灵，与船队大部失去联系，
但幸运的是，它还能顺利返航。出海后的第五天，一阵
大风把船队吹散了，5 艘商船及一艘随行的拖网船与大
部队失去联系。船队派一艘扫雷舰去寻找失踪的船只，
3 艘商船很快就归队了。其余的两艘商船中，一艘独自
前行，另一艘刚好碰上拖网船，然后结伴前行。派去找

船的扫雷舰反倒再没有重返船队。

JW51B 船队的姊妹船队 JW51A 则幸运得多。16 艘船组成的 JW51A 起程早一个星期，整个行程没被德军发现，于圣诞节当天顺利抵达苏联摩尔曼斯克，卸下 10 万吨紧缺物资。不过，它们的返程却不那么顺利，5 艘船抵达本应安全的港口后触雷。

按总部的计划，库梅茨率领舰队前后截击 JW51B 船队。希佩尔号和 3 艘驱逐舰绕挪威北海岸截住英国船队，把船队向南赶到吕措号和其余 3 艘驱逐舰的炮口底下。照这样看来，"彩虹行动"是万无一失，必胜无疑。无论是速度还是火力，德国军舰都比英国船队更胜一筹。希佩尔号拥有 8 英寸大炮，射程逾 20 英里，两倍于英国驱逐舰大炮的射程，它们的口径仅为 4.7 英寸和 4 英寸。而且，希佩尔号最高航速为 32 节，比船队的航速快 3 倍。原名为德意志号的吕措号航速为 28 节，携带 6 门 11 英寸大炮，射程为 26 英里。甚至连德国驱逐舰的火炮威力都要胜过英国驱逐舰。

不过，现在看起来问题出在天气上。此时正值北极圈地区的极夜时期，每天日照时间只有几个小时，雾气又重，再加上浮动的冰山和大风雪，这些都使海面观测非常困难。大浪乘着大风，打到前甲板和舰桥上。因气温极低的缘故，打到军舰上的海水立刻凝结成冰，为军舰增加了数以千吨的重量。更糟糕的是，大炮特别是较小的大炮结上了厚厚的冰，结冰的雷达天线和信号灯也

敌人没掉进"陷阱"

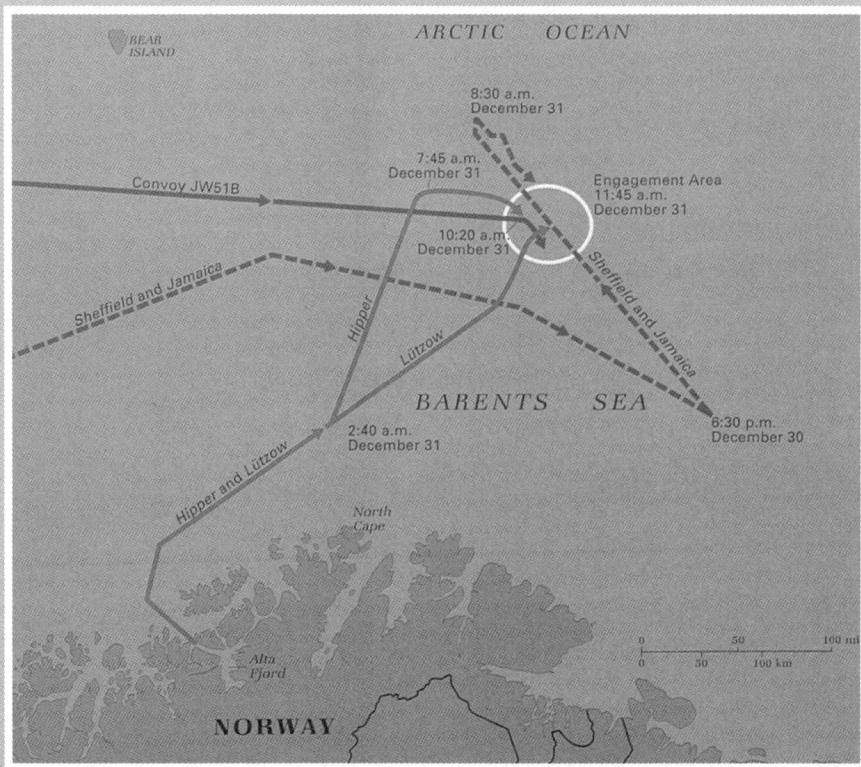

    雷德尔部署的"彩虹行动"沿用海军经典战术——钳子进攻模式。按此计划，1942 年 12 月 30 日，重型巡洋舰希佩尔号及其护卫驱逐舰驶出阿尔塔峡湾，翌日拦截驶向摩尔曼斯克的 JW51B 船队，把船队向南赶到袖珍列舰吕措号的炮口底下。然而，由于能见度非常低，德国军舰过于谨慎，加上两艘英国巡洋舰及时赶来救援（当时德舰并不知道他们在附近），船队得以安全逃脱。

极易阻碍通信。当天晚上，库梅茨仍向雷德尔发了一封乐观的电传："明天早上我们将开始靠近敌人。"

12月31日早晨，第一艘英国货船出现了，打头的德国驱逐舰却把它误认为护航入港的苏联船只。9点过1刻，航行在希佩尔号之前的驱逐舰弗里德里希·埃科尔特号，率先开火，打响了巴伦支海战斗的第一炮。一直跟踪英国船队的潜艇U－354停在火力点几英里开外的地方，赫布施莱布中尉目击大炮发出的亮光后迅速向柏林发报："从现场的情况来看，战事已达到高潮。我只看到一片红色。"雷德尔坐镇柏林的海军最高司令部，U型潜艇发回的信息语义不清，他理解为库梅茨率领的舰队已开始摧毁英国船队。于是，雷德尔立即把喜讯传给克兰克，后者再把这个好消息告诉给龙颜大悦的希特勒。

对于希特勒及其德国来说，1942年可用"好头坏尾"来形容，年头开局不错，年尾却遭遇了一连串挫折：夏天发动战役，企图夺取高加索油田，以确保有充足石油供应战线越拉越长的第三帝国，但战事惨淡收场；"沙漠之狐"隆美尔率领的部队在9月已逼近开罗，但随着英美联军于11月登陆北非，他们于阿拉曼击败隆美尔的部队；最后的大悲剧发生在斯大林格勒，在1942年的最后一个星期本来还有希望解救被围的德国第六军，但希望最终还是被彻底粉碎，两万名德军阵亡。希特勒此刻最需要捷报来"冲喜"，他并不看好的水面舰队也许能赶上趟了。

当天晚上的除夕舞会上，希特勒私底下向外交部部长里宾特洛甫、纳粹党卫军头子海因里希·希姆莱透露：在挪威远海外的摩尔曼斯克有一支盟军船队被击沉。希特勒现在只需要大胜的具体报告，就可在元旦日向世界公布。喜不自禁的希特勒把好消息告诉给一个又一个嘉宾，然而他翘首以盼的报告一直没有传来。他不止一次询问道："克兰克，什么时候能拿到那份报告？"直到午夜，难堪的克兰克只能紧张地绞着双手，向希特勒解释可能受北冰洋严冬天气影响，通信信号非常不稳定，消息未能准时传递出来。希特勒彻夜难眠，在办公室不安地踱来踱去。

官方报告延迟了十几个小时才出来，战事其实一早就结束了。双方混战 3 小时，海上能见度非常低，以致两边都不能辨认出谁是友谁为敌。一片混乱中，德国海军遭受了自认为耻辱性的挫败。

驱逐舰弗里德里希·埃科尔特号率先开炮后，英国船队护卫舰总指挥舍布鲁克，坐镇驱逐舰翁斯洛号按兵不动。过了 26 分钟，他向轻型巡洋舰谢菲尔德号及牙买加号发报求援。两艘英舰于是从苏联海域快速向西驶来救援。

英国驱逐舰行动灵活，放出一阵烟雾，让船队趁机散开。正如小猎犬挑战大驯犬一样，驱逐舰向希佩尔号发动一系列佯攻，作势要发射鱼雷。它们的冒险行动见

效了。希佩尔号的注意力从船队转向它们，喷出的炮火
在结冰的海上炸起高高的水柱，驱逐舰则在水柱间左闪
右避。它们知道希佩尔号每打不中目标都需要重新调整
射程，因此故意躲到水幕里，跟炮手捉迷藏。

　　躲无可躲之下，一轮炮弹击中英舰翁斯洛号，把烟
囱炸成两半，击穿轮机舱，炸飞两门大炮，40 人伤亡。
舍布鲁克瞎了一只眼睛，血汩汩往外流，于是他把指挥
权交给驱逐舰忠顺号的舰长。由于能见度不佳，库梅茨
未能确定对方实力，因此不敢贸然还击。不过，他按照
原计划，顺利地把盟军船队向南驱赶，舰长鲁道夫·施

德国驱逐舰弗里
德里希·埃科尔特号，
在挪威北海岸独自航
行。1942 年 12 月 31
日，军舰遇袭沉没，
舰上所有人无一幸
免，成为巴伦支海战
役的最大受害者。

坦格指挥的吕措号在此等候已久。

当天上午 10 点 45 分，隐隐约约的船影出现在吕措号左舷处，货船缓慢地向南驶来，航迹与向东北驶去的德舰刚好交错。当时并没有英国驱逐舰在场，但极差的能见度使施坦格不能肯定这一事实。施坦格按兵不动，库梅茨徒劳地敦促他开炮截击船队。11 点半左右，希佩尔号重创英国驱逐舰阿克蒂斯号，库梅茨向施坦格发出另一条电文："我们正与船队护卫舰交火，船队已没有护航。"发出电文后不到 1 分钟，两发炮弹在希佩尔号附近水面爆炸，冰冷的浪花飞溅到希佩尔号的舰桥上。令人纳闷的是，这些炮弹比任何一艘英国驱逐舰携带的炮弹都要大，而且从北边射来。原来，轻型巡洋舰谢菲尔德号和牙买加号加入战团了。这时离库梅茨开炮进攻已有两个小时。

德国驱逐舰弗里德里希·埃科尔特号匆忙赶来参战，却立即被炮弹炸开的水柱包围住了，舰长阿尔弗雷德尔·舍梅尔惊讶地向库梅茨发旗语："你在向我开炮！"库梅茨立即用旗语回复："不是我，是一艘英国巡洋舰。"然而，回复来得太晚，谢菲尔德号和牙买加号轮番进攻弗里德里希·埃科尔特号，最后这艘可怜的德舰被炸成两半，340 人全部葬身大海。

两艘英舰得手后，迅速掉转炮口对付希佩尔号，每分钟发射 70 多发炮弹。在密集炮火中希佩尔号被 4 发炮弹击中，一个轮机舱被打穿，使它的最高航速降至

28节。待库梅茨定下神来反击，两艘英舰已迅速驶出它的射程。

与此同时，施坦格指挥吕措号，靠着北极光努力寻觅英国船队的踪影。他终于在风雪中发现了英国船队，随即开炮攻击。此时，两艘英国巡洋舰及时来增援，施坦格立刻把炮火转向两艘军舰。

即使到现在，尽管英国人及时加入战阵及德国驱逐舰弗里德里希·埃科尔特号折损，库梅茨取胜的概率仍然非常大。英国方面只有两艘轻型巡洋舰，而德国一方则有一艘袖珍战列舰、重型巡洋舰及好几艘驱逐舰。然而，库梅茨没有发出进攻的指令，反倒召回军舰。事前太多"安全第一"的告诫，最终使他选择了撤退。英国人起初大惑不解，还在德舰后面追踪。德国人退回阿尔塔峡湾，"彩虹行动"就这样结束了。

德国实际损失其实比较轻微——希佩尔号受伤不重，一艘驱逐舰被击沉，而英国也损失了一艘驱逐舰和一艘扫雷舰。但这次行动对于德国海军脆弱的士气、不牢靠的名声，无疑又是一击。人们很难相信，为什么两艘大型军舰、6艘驱逐舰先是被两艘英国驱逐舰吓住，接着又被两艘轻型巡洋舰赶跑。英国船队运送如此重要的战略物资援苏，德国海军在战争的紧要关头未能破坏船队，人们顿时对水面舰队存在的必要性打上了一个大大的问号。

库梅茨返航时没有联系柏林，以求安全。待舰队于

1943 年元旦日安全返回挪威水域时，他才开始尝试向柏林汇报战情。"福无双至，祸不单行"，刚好碰上挪威北部通信电缆故障，因此当希特勒当天听取海军汇报的时候，库梅茨仍未能及时发报。让希特勒更为愤怒的是，他是从英国的一则广播知道战事结果的，广播称英国皇家海军驱逐舰在北冰洋击退一艘德国袖珍战列舰及重型巡洋舰，击沉德国一艘驱逐舰并击伤巡洋舰。

当库梅茨撤退的消息终于传到"狼穴"时，希特勒怒不可遏，指责海军故意隐瞒军情并拒绝听克兰克的解释。希特勒厉声发令，要求雷德尔亲身汇报事情始末，还当场宣布立刻拆毁所有大型军舰，人员和大炮则赶到岸上作战。为显示这项决定说一不二，希特勒命令助手把上述言辞记到正式的战争纪事中去。

雷德尔拖到 1 月 6 日才前去汇报的目的，既是让希特勒冷静下来，又让自己能充分收集有关"彩虹行动"的资料。然而，希特勒的怒气一直未减。当着陆军元帅威廉·凯特尔及两位速记员的面，希特勒把 66 岁的老元帅雷德尔毫不留情地大骂了 90 分钟，他指责海军舰只除了 U 型潜艇外，从一开始就一无是处。"他甚至连海军的士气和精神都不放过，而这可是他以前常常表扬的。"雷德尔后来回忆道，"连瞎子都看出，他这顿恶骂纯粹是对我个人的侮辱。"

雷德尔好不容易才等到希特勒收口，他请求与希特勒单独谈话。其他人离开房间后，雷德尔向希特勒提出

辞职。在此之前，雷德尔在20世纪30年代曾两度提出辞呈，希特勒两次拒绝了他的请求。而这一次，希特勒用片言只语表示了他对雷德尔从军的赞赏后，就爽快地批准了他的辞职。为安抚军心和减轻公众的忧虑，雷德尔将等到1943年1月30日后才正式辞职，那天是希特勒上台10周年纪念日，这样会让雷德尔更体面地退居二线。希特勒还为他安排了一个虚衔——海军总监察长，要求雷德尔提交一份关于德国如何发展大型水面舰艇的个人意见书。雷德尔利用这个机会慷慨陈词，恳请希特勒保留大型战舰。他从战术和逻辑两个角度，详述了大型舰队存在的必要性，认为大型舰队是对抗进攻的防卫

1943年，海军元帅卡尔·邓尼茨作为雷德尔的继任人，检阅海军将领。邓尼茨以往的军功，给希特勒留下较好的印象，因此他接任海军最高指挥官后，希特勒给予他相对大的自由。

力量。雷德尔在意见书上还提到了4年前半路夭折的"Z计划"，并再次强调拆毁军舰的结果必定是"亲者痛，仇者快"，伦敦尤其欢迎这样的决定。意见书的结尾这样写道："英格兰战争的成败全系在海上交通上面，若我们把大军舰都拆毁了，英国人肯定像取得战争胜利般欢呼。"

希特勒还让雷德尔提名接任人。雷德尔点了两个人名，排第一的是罗尔夫·卡尔斯中将，现职海军北部战区总司令，水面舰艇部队出身；第二位是卡尔·邓尼茨，U型潜艇总司令。希特勒选择了后者。

卡尔·邓尼茨坚信，德国若想重夺海战主动权，必须制造更多、更强的潜艇，借此切断美国对欧洲的海上补给线。就任海军最高指挥官后，卡尔·邓尼茨的当前要务是建造新的U型潜艇，尤其是那种改进型的电动潜艇，这种潜艇的水下巡航时间比以前大大延长。希特勒一向对潜艇十分向往，二话不说就同意了邓尼茨的方案。不过，邓尼茨没有放弃大型军舰的打算。他的个性与雷德尔有所不同，他能在谈判中巧妙地说服对方，坚持己见。邓尼茨向希特勒耐心解释，拆毁水面舰队，把人员、大炮搬上岸，既是一个军事决策错误，又会占据造船厂宝贵的时间。希特勒最终同意了邓尼茨的意见，这正是雷德尔在个人意见书中所提议的。

然而，邓尼茨提出的方案却是如此：希佩尔号和轻型巡洋舰科林号、莱普齐甘提前退役；格奈泽瑙号扔在一边，放弃维修；改造希尔号、吕措号、巡洋舰欧根亲王号及埃姆登号，把它们放到波罗的海做训练舰。部分海军改为陆军充当炮手，这正是希特勒所期望的。邓尼茨主张沙恩霍斯特号（当时游弋在波罗的海上）和提尔皮茨号继续留驻挪威，钳制英国本国舰队。邓尼茨认为，终有一天这两艘战舰会给英国舰队予沉重打击，这正是雷德尔的一贯立场。作为新任海军最高指挥官，邓尼茨也争取到希特勒的让步，即在以后的海战中，军舰指挥官可根据战事具体情况自由做出自己的决定，无须像雷德尔时代一样必须征得海军总部的同意。尽管希特勒很赞赏邓尼茨的进取作风，但他每次向邓尼茨让步都很不情愿，希特勒总是心中暗想："总有一天你要来找我，承认我当初的决定是正确的。"

差不多过了一年，才迎来水面舰队另一次大显身手的机会。1943 年 3 月，沙恩霍斯特号驶向纳尔维克，然后会合提尔皮茨号及吕措号，一道开往阿尔塔峡湾。它们在那儿下了锚，织起鱼雷保护网。之后又过了几个月。驻挪德舰虽然看起来有点像希特勒冷嘲热讽的那样"待在挪威峡湾无所事事"，但它们的确能钳制英国很大一部分海军兵力。苏格兰至摩尔曼斯克之间的援苏航线在夏天暂停下来，一是因为驻挪德舰，其次是白昼时间变长。原来为船队护航的驱逐舰已转移到大西洋，U型潜艇在那里的活动日趋活跃，英国驱逐舰可以发挥一定的制衡作用。不过，随着冬季来临，援苏航线行将恢复，邓尼茨盼望已久的出战机会终于到来。

沙恩霍斯特号于1943年圣诞节那天接到出战命令。船员几个月来按兵不动，但士气依然十分高昂。高炮指挥官把人员召集到甲板下，通报消息。船员听到消息后欢呼不已，把指挥官的话都淹没了。邓尼茨向希特勒允诺的"东线行动"就此拉开帷幕。

沙恩霍斯特号出击的目标是驶向摩尔曼斯克港的JW55B护航船队。这支英国船队由19艘货船组成，大型驱逐舰舰队随行护卫。预计船队次日经过北角以北150英里处，天气预报称到时将有大风。船队在波浪滔天的海上很难保持队形，沙恩霍斯特号的护卫驱逐舰速度也会减慢。预计到时也会有雪暴，因此不会有空中侦察活动。驻纳尔维克的德国空军北部海域总司令部当时已征得戈林的同意，但因为天气太恶劣而放弃了侦察计划。

几位高级军官提出异议，他们认为派出大型军舰的首要条件，即充分掌握敌人的位置，都尚未达到。纳尔维克副指挥官甚至直接找到千里之外的奥托·施尼温德中将，呼吁推迟行动，当时奥托中将正坐镇海军北方战区总司令部基尔港。奥托·施尼温德中将把副指挥官的意思，再加上他个人的忧虑，向柏林的海军总部力陈要害。然而，邓尼茨一句都听不进去。

海军总部指令沙恩霍斯特号凌晨5点出发，紧迫的时间安排仅预留3小时，让港口方面清除鱼雷保护网以及让瞌睡的船员振作精神。护卫驱逐舰4点37分才抵达，离预定开船的时间只剩下23分钟。"东线行动"开始时间比原定迟了两个小时。

沙恩霍斯特号换了个新舰长，弗里茨·J.欣策担当舰长，而担任这次行动总指挥的是毫无经验的埃里希·拜中将。拜虽是曾在纳尔维克和英吉利海峡指挥过驱逐舰编队，小有名气，但他从未有过指挥战列舰舰队的经验。更糟糕的是，因当时不少船员休圣诞假，沙恩霍斯特号人手不满员。

舰队出发后，施尼温德中将再次敦促邓尼茨取消行动。施尼温德争辩道，至少也要让驱逐舰撤回。邓尼茨一直没有回复施尼温德，直至12月26日零点过两分钟他才发回电文——若驱逐舰不能有效地发挥作用，沙恩霍斯特号应作为"海上杀手"，独自截击船队。邓尼茨的处境就像一年前的希特勒一样，极度渴望胜利。邓尼茨已多次向希特勒灌输了必胜的信念，他说道："只要指挥官不被掣肘，此行必有成果。"在另一封电文里，邓尼茨指示拜"要大胆而巧妙地利用战术形势"，他还说道："此战不应半途而废。"

恶劣的天气导致海军电台经常失灵，舰队司令拜深受困扰。他竟然向纳尔维克发出电报："驱逐舰武器大受影响。"这封电报读来犹如一位誓不低头的舰长发出求援信号。然而，使用电波发报，只会使舰队陷入更糟的境地。皇家海军截收电报后，得出结论：德国一艘大型军舰在出海途中。这个情报立即传到重型巡洋舰诺福克号及轻型巡洋舰贝尔法斯特号和谢菲尔德号上。总司令布鲁斯·弗雷泽中将的英国本土舰队中负责摩尔曼斯克船队的护卫舰队也知晓此事。护航军舰包括战列舰约克公爵号、轻型巡洋舰牙买加号及 4 艘驱逐舰。

诺福克号接到情报的时候，位于 J W 55B 船队以东 150 英里处，正护卫一支空载船队从摩尔曼斯克返航。3 艘巡洋舰接报后立即加速。弗雷泽率领的战斗编队则在船队西南 220 英里处，他命令船队向东南驶去，并召集 4 艘驱逐舰。然后他指挥牙买加号和约克公爵号驶向北角，希望截住从挪威基地出发的德舰。

沙恩霍斯特号甲板装有厚厚的铁甲，3 个炮塔上有 9 门 11 英寸大炮，最高航速竟达 31 节。英国轻型巡洋舰不足以对沙恩霍斯特号构成重大威胁。然而，战列舰约克公爵号的威力远胜巡洋舰，这艘新下水的军舰装有 14 英寸大炮。沙恩霍斯特号完全没有意识到潜伏的危险，继续向北驶去。军舰在一片漆黑中航行，为避免英舰发现它们的位置，拜指示关掉水面搜寻雷达。12 月 26 日早上 7 点 55 分，海面毫无 J W 55B 的踪影，拜指示 5 艘护卫巡洋舰以扇形向西南散开，在沙恩霍斯特号前方 10 英里处形成 20 英里宽的阵线。9 点 24 分，正当拜专心致志地寻觅船队时，天空突然间亮起一道闪光。6 分钟之后，8 英寸大炮发出的炮弹在沙恩霍斯特号周围纷纷炸响。贝尔法斯特号向西快速航行中，从雷达上发现德舰处在 17 英里外的地方，于是在后面"盯梢"
了 40 分钟。诺福克号和谢菲尔德号也在附近，第一炮
由诺福克号率先打响。

在沙恩霍斯特号的舰桥上，舰长欣策还未来得及开
启雷达，一声巨大的爆炸就落在前甲板上，前雷达天线
炸成碎片，只剩下后雷达正常工作。拜几乎在同一时刻
下令甩开英国巡洋舰，继续寻找船队。邓尼茨后来分析
道，拜首先应开动舰上的 11 英寸大炮，先把英国巡洋
舰灭了。然而，拜认为自己的要务是截击船队，而且船
队或许就在附近，其实弗雷泽故意指挥船队向北驶去，
借此引诱沙恩霍斯特号越走越远。

英德两国的军舰如盲人一般，在波涛汹涌的海上互
相追逐。它们在大雪、雾气、黑暗中跌跌撞撞地航行。
第一炮打响后的两个多小时内，德国驱逐舰既找不到船
队，又找不着沙恩霍斯特号。拜与欣策却完全知道英国
3 艘巡洋舰的所在位置。午后不久，他们找到目标了，
然而英国驱逐舰此时已把沙恩霍斯特号和船队分隔开
来。双方频繁交火，诺福克号两度受创。但拜因畏惧巡
洋舰可能发射鱼雷，遂下令沙恩霍斯特号驶离现场，放
弃截击船队，他耗费了太多时间来寻找船队踪迹。他指
挥德舰向南驶去，号令"找不着北"的驱逐舰返回基地。

眼看快到基地了。然而就在下午 4 点 17 分，正当
沙恩霍斯特号以 31 节高速航行时，匆忙赶来的约克公
爵号在雷达屏幕上发现一微弱小点——德舰这回逃不掉

了。两舰相距 22 英里。37 分钟后，贝尔法斯特号发射照明弹，照亮了沙恩霍斯特号的上空。约克公爵号此时距离德舰不到 14 英里，开始发炮了。两艘巨舰随即陷入一场生死决战。沙恩霍斯特号还击的炮弹击中约克公爵号的桅杆，炮弹没炸开但却砸断了雷达天线。一个英勇的低级军官冒着严寒和黑暗，爬上桅杆把天线修好了。沙恩霍斯特号趁着这当儿，赶忙逃走，它的速度原本比约克公爵号要快 4 节。

沙恩霍斯特号上两个船首炮塔被毁，一枚炮弹则炸中位于吃水线以上的一个锅炉房，打穿一根通向轮机的重要蒸汽管，使得德舰的速度降至 10 节。舰上工程师赶紧把蒸汽管补好，但英国驱逐舰已追上来了。傍晚 6 点 24 分，拜与欣策向邓尼茨和希特勒发出了一个富有悲剧意味的信息："只要我们还有最后一颗炮弹，我们都要坚持战斗。"这绝非舞台上的一句漂亮台词。船员组成人链，以人手把极重的 11 英寸大炮炮弹从船头被炸毁的炮塔，一颗颗传递到船尾，并让较小的大炮继续冒出抵抗的炮火。

4 艘英国驱逐舰此时已从后面追上，发射的鱼雷使沙恩霍斯特号永久"瘫痪"在海上。英国驱逐舰功成身退，约克公爵号及 3 艘巡洋舰又上场了，它们的猎物已四处起火。沙恩霍斯特号虽然还在开炮，但突然向南倾斜。晚上 7 点 12 分，贝尔法斯特号的炮弹敲掉其最后一个大炮塔，沙恩霍斯特号上仅剩下两门 5.9 英寸的副炮。事到如今，德舰静静地停在海上，船身重重地斜向一边。45分钟后，沙恩霍斯特号船首突然一头沉下，整艘船随后直直地没入大海，3个螺旋桨仍在转个不停。沙恩霍斯特号受到的创伤是惊人的——炮弹数以百计在舰上爆炸，55枚鱼雷攻击船身，至少17枚直接命中。

伴随沙恩霍斯特号沉入大海的还有1968名官兵，几百人在船沉一刻跳入海中，努力游向那不多的救生筏。然而，当时海水温度仅为零上几度，大部分人在数分钟内就失去知觉，最后溺水而亡。英国驱逐舰天蝎号在黑黑的大海上，寻找落水德军，只救起36人。

德国海军官兵的勇气深深地打动了弗雷泽。"先生们，"当天晚上他对手下官兵说道，"若一天你们被派到这么一艘军舰，参加这么一场实力悬殊的战斗，我希望你们每一个人都能像沙恩霍斯特号上的官兵那样轰轰烈烈地战斗……"几天后当约克公爵号返航英国时，驶至沙恩霍斯特号沉下的地方，弗雷泽、舰上军官及一个仪仗队，立正站在栏杆边上，目送一个象征怀念的花环抛入海中。历史证明，这场战斗是德国水面舰队在"二战"中参加的最后一次旧式海上对抗。除了为数不多的太平洋战役，之后的每一次海上战役都只有海上飞机或潜艇参加。

沙恩霍斯特号殉海后，德国海军只剩下一艘战列舰，即排水量达5万吨的提尔皮茨号，人们给了它一个绰号——"北方的寂寞皇后"。若提尔皮茨号在1943

沙恩霍斯特号生还船员被英舰救起后，被蒙上眼（以防被俘德军偷看到先进的雷达及其他机密仪器），一个牵一个地走下跳板。"他们对获救都非常高兴，"一位英国船员回忆道，"我们把他们带到储物甲板上，给他们干衣服穿，让他们睡在吊床上。"

年的圣诞节与沙恩霍斯特号一起出征，它们必定能对
JW55B 船队进行一次大屠杀。即使提尔皮茨号只是驻
扎在挪威峡湾中，它那 8 门 15 英寸主炮加上 40 门副炮，
都足以对英国构成相当大的威慑。提尔皮茨号船侧包
有 13 英寸厚的装甲，钢铁甲板足有 4 英尺厚。非常具

有讽刺意味的是，这艘海上"巨无霸"只执行过两次任务。第一次发生在1942年3月，PQ12船队被全部击沉；第二次则在1943年9月，打击驻在斯皮兹伯根群岛上的盟军气象雷达站。提尔皮茨号"失宠"也是有其原因的，它与护航驱逐舰出海，单单一天耗费的燃料就达8100吨。由于当时德国油料紧缺，且希特勒又担心战列舰受损，提尔皮茨号大部分时间都待在军港里。然而，英国人并不知晓这一切，多年来他们一直以敬畏的心态注视着提尔皮茨号，如同神话中农民观望一条打瞌睡的巨龙。提尔皮茨号的威慑力如此之大，竟然影响到英国本土舰队的部署，本来一些地区亟须军舰增援，但由于提尔皮茨号的存在，英国人不敢贸然派出军舰。1941年12月，战列舰威尔士亲王号与反击号要派往马来西亚，皇家海军由于畏惧提尔皮茨号，故把航空母舰维多利亚号留在英国港口，让两艘军舰独自出征。结果威尔士亲王号与反击号遭日本俯冲式战斗机的袭击，双双沉入太平洋。

1942年1月—1944年11月期间，英国想尽一切办法来摧毁这艘海上"巨无霸"，单单空中打击就达13次之多。1942年10月，提尔皮茨号遭袭击，这是英国第一次从海上袭击"巨无霸"，而且是最大胆的一次。英国人选择的时机非常好，一是此时争夺高加索油田的战斗趋向白热化，希特勒无暇他顾；二是苏联战略物资非常紧缺，亟须西方盟军支援，而提尔皮茨号当时泊在挪威的特隆赫姆峡湾，对援苏航线形成重大威胁。

英国人把一条捕鱼拖网船进行秘密改装，6名蛙人和两枚鱼雷偷偷藏在船里，组成攻击提尔皮茨号的"战车"。当拖网船抵达挪威海域时，"战车"悄悄滑进海里，与拖网船以特殊钢索连接，在水下拖行。因拖网船上都是普通挪威渔民，他们进入特隆赫姆峡湾时顺利地骗过德国守卫，停泊在离提尔皮茨号5英里的地方。英国人这次欠的是运气，海上突然刮起风暴，鱼雷从拖绳上脱落后沉入水中，潜水员要动手时遍寻无获。

1943年3月，提尔皮茨号转移至阿尔塔峡湾。当年9月，英国侦察机在摩尔曼斯克与苏格兰之间执行任务，途经挪威上空时发现了提尔皮茨号的新位置，并拍下了详细的照片。英国人又展开一次特别行动。

苏格兰至阿尔塔峡湾的来回距离，以及苏联空域至阿尔塔峡湾的往返距离，对英国轰炸机来说都太远了。这次袭击行动得发自海上。执行打击任务的是6艘侏儒潜艇，俗称X级潜艇。X级潜艇长约48英尺，直径不到6英尺，仅能容纳4名船员。6艘常规潜艇将一对一地把侏儒潜艇从苏格兰拖到挪威北部海域，行程1000英里。在阿尔塔峡湾以外的地方，侏儒潜艇船员换班。侏儒潜艇将悄悄潜到提尔皮茨号底下，在这艘德舰底部布下水雷。

两艘侏儒潜艇还未到目的地就"报废了"，后来又有一艘发生故障，被凿沉殉海。潜艇靠近阿尔塔峡湾时，又有一艘神秘地失踪了。最后只剩下X-6和X-7。9

月 22 日凌晨时分，侏儒潜艇顺利穿过鱼雷保护网的外层，X-6 的指挥官唐纳德·卡梅伦中尉发现靠近军舰的内层保护网有个缺口。他还未来得及说"感谢上帝，我终于找到了保护网的漏洞"，X-6 就撞上了海底的沙丘，随即快速反弹出水面。就在这时提尔皮茨号上的一名船员发现了 X-6 的潜望镜，立刻大喊一声："有潜艇！"起初，船员仍是半信半疑，X-6 露出水面时他们还在呆呆地看着。由于侏儒潜艇距离"巨无霸"只有 50 码，船员只看到潜艇的尾部，但他们又不能用大炮来打这么近的目标。船员匆忙拿来来复枪和手枪，一

挪威特隆赫姆港附近一个树木茂盛的海滩边，排水量达 5 万吨的提尔皮茨停泊在这里，甲板上铺满常绿植物以掩人耳目。由于油料紧缺，缺乏空中支援及希特勒担心战列舰折损，这艘"巨无霸"几乎在整个"二战"期间就停泊在港口里。

些人还往潜艇露头的地方扔手榴弹，不过都没打中目标。趁提尔皮茨号船员手足无措时，卡梅伦已指挥 X-6 沉下船底，布下水雷，之后再浮上水面。

一位德国军官急中生智，赶忙跑过拥挤的走廊，奔向绑在船边的汽艇。汽艇快靠近浮上水面的潜艇时，他抛出一根绳子，索住潜艇的指挥塔，尽力把潜艇牵离提尔皮茨号。正在此时，X-6 的舱口盖开了，4 名满身油污的人爬出来，举手投降。两三分钟之后，第二艘潜艇浮上水面，兴奋的德国船员赶忙开枪，密集的子弹在水面上激起一堆堆泡沫。英国潜艇立刻下潜。第二艘潜艇是 X-7 号，由普莱斯中尉指挥。他们在船底布下炸药后，曾试图走脱但未成功。

提尔皮茨号指挥官汉斯·迈尔派出潜水员下海，检查船底。迈尔曾考虑把提尔皮茨号驶向深一点的地方，不过那一浮一沉的 X-7 号让他改了主意。迈尔认为也许在附近等候的潜艇会发射鱼雷，会对

提尔皮茨巨大的炮口底下，一个巡回舞蹈队以歌舞犒劳船员。巡回舞蹈队的来访，及在风光如画的挪威山区远足，有助于战列舰船员对付一个永久的"敌人"——寂寞。

1943年9月，英国潜艇长尾鲛号拖拉着一艘X级潜艇，航行在苏格兰盖恩伯恩湖上。两艘41英尺长的侏儒潜艇偷偷潜入挪威卡亚峡湾，总共布下8吨重的水雷，提尔皮茨号遭受重创。

从一架英国皇家空军侦察机拍下的照片可看到，提尔皮茨号停泊在挪威卡亚峡湾，周围布有鱼雷保护网。1940年—1944年间，英国分别从陆上和海上对提尔皮茨号发动了19次袭击。

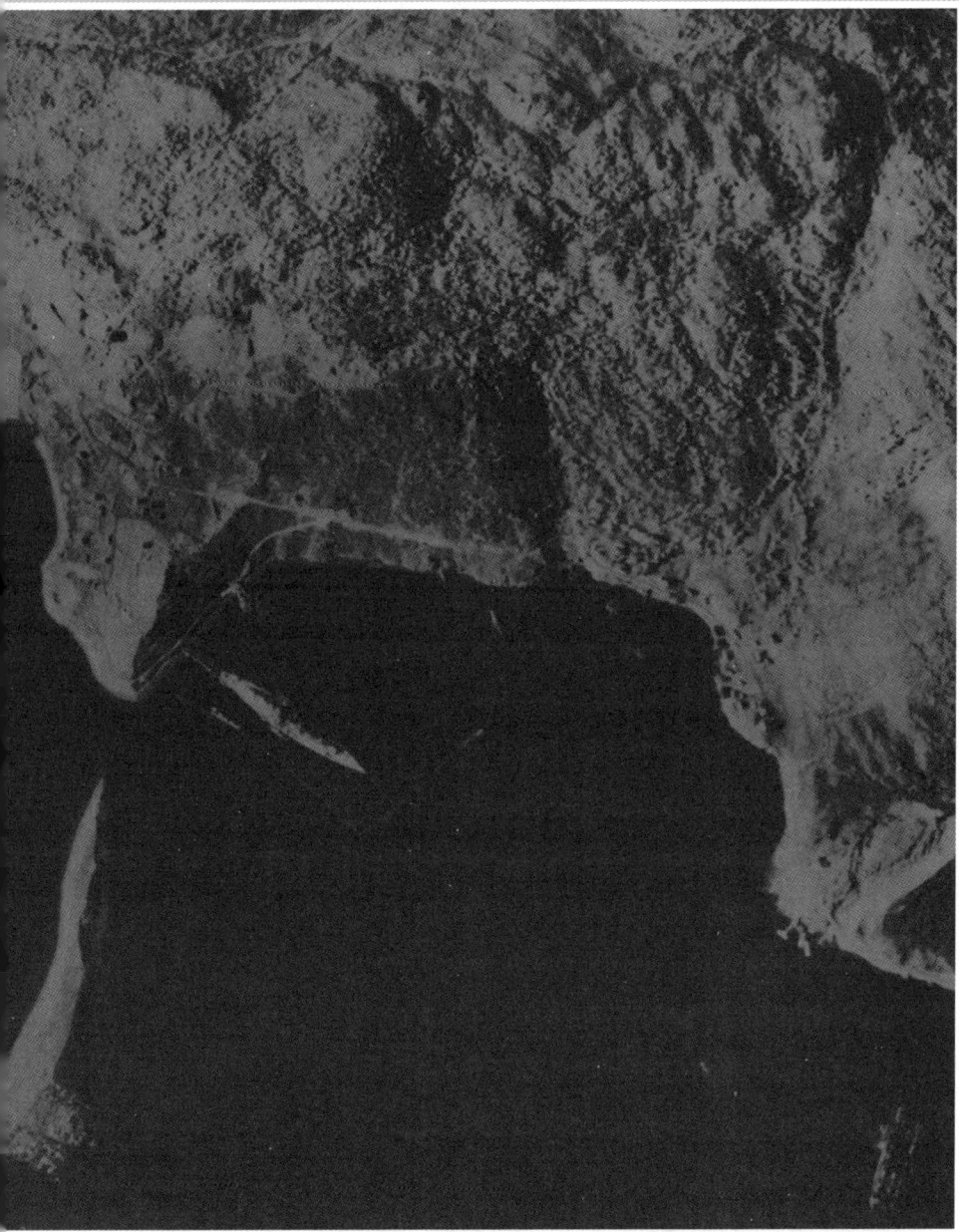

提尔皮茨号构成威胁。他决定把船顺着锚索倾侧,以防备埋在船底的水雷。

卡梅伦中尉等人投降后,被带上军舰。他们一边喝着暖身的杜松子酒和咖啡,一边接受审问。被俘英国人时不时瞄一下手表,没供出其他有用的情报。"嘀嗒嘀嗒",时间一秒一秒溜走。突然,船底传出两次"隆隆"的爆炸声。提尔皮茨号船身震动,灯随即熄灭。船员急忙冲到甲板上,船身挂着的灭火器自动引爆,走廊上喷满化学品。爆炸发生时,X-7潜艇正被鱼雷保护网缠住,普莱斯心想这次必死无疑。谁知爆炸冲击波解救了X-7潜艇,它又重新冒出海面。受损的X-7随后沉入大海,普莱斯与一名船员侥幸逃出,其余两人牺牲。

英国空军固定"高脚柜"炸弹,正是这种炸弹送提尔皮茨号上了西天。"高脚柜"炸弹长21英尺,重6吨,炸弹携带的高爆炸药可在地上炸开一个80尺深的大坑。

提尔皮茨号此时还浮在海面上。4门15英寸主炮从炮塔上震脱,但一门5.9英寸的副炮却被卡住,无法修复。火炮控制系统被震得东歪西倒。包得严严实实的左舷引擎与其他配套机件,有的给震裂,有的给震弯。螺旋桨不能转动,驾驶舱里进水严重,致使左舵失灵。提尔皮茨号船身没有进水,但船壳给炸开了一个个

小洞，少许船体框架受损。其他损伤尚可修复，但船体框架受损却是无药可救。总的来说，提尔皮茨号这回伤得不轻。英国人直到战争结束后，才意识到对 X 级潜艇的袭击是如此有效。当时他们还认为这艘战列舰仍是一大威胁。

熟练工人为提尔皮茨号修修补补。提尔皮茨号停在卡亚峡湾内，即阿尔塔峡湾的一个深水裂口处，附近布满峻峭的岩石，一棵棵冷杉点缀其中。悬崖上设有哨岗，安放防空高炮。提尔皮茨号周围再次布上防雷网，峡湾四周铺上管道，它发出的烟幕弹可在 8 分钟内完全掩盖整个峡湾。在之后的几个月里，英国人数次空袭维修现场，不过投下的炮弹并没有造成损坏。1944 年 2 月 11 日，苏联人出手了。15 架重型轰炸机从苏联天使长港附近

1944 年 11 月 12 日，提尔皮茨号遭英国轰炸机轰炸后倾覆。德国救援人员沿着龙骨慢行，探听生还者的声音。救援人员用乙炔吹管把装甲切开一个个洞，救出了困在船舱里的 85 名船员。

的空军基地起飞，每架携有一枚重达 2000 磅的炸弹。当时能见度甚佳，却有 11 架轰炸机找不到德舰所在的峡湾，其余 4 架投下的重磅炸弹则没有命中目标。

随后，挪威皇家空军的"梭鱼"俯冲轰炸机从航空母舰起飞，多次试图空袭提尔皮茨号。德国经常提前收到警报，结果当轰炸机抵达时，峡湾已笼罩在一片烟雾里，黑一点的烟则是防空大炮发炮后喷出的。偶尔，飞行员也能瞥见提尔皮茨号的桅杆在灰烟中突兀冒出。不过，高射炮火非常猛烈，有时"梭鱼"轰炸机因飞得太低而被悬崖上的高射炮击落。在一次袭击中，15 枚炮弹击中提尔皮茨号，每枚炸弹竟重达 1000 磅。几枚在炮塔上爆炸，装甲的炮塔毫发无损，一些炮弹穿透上层甲板，造成几个舱室被毁、122 名船员罹难。但就是这么重的炮弹，也炸不开战列舰最厚的装甲。

1944 年 9 月中旬，摧毁提尔皮茨号的接力棒传到英国皇家空军第 617 中队手上。617 中队飞行员作战经验丰富，驾驶阿夫罗·兰开斯特型飞机。他们一直在研究超重型炸弹的运送工作，研究的对象是重达 12000 磅的"高脚柜"炮弹。传统的炮弹为眼泪型，两头尖，而"高脚柜"则只有一个异常锋利的尖头，由表面经过硬化处理的钢做成，体长达 21 英尺。

即便是对于兰开斯特型轰炸机来说，苏格兰至阿尔塔峡湾的距离也太远了。于是，他们先飞到苏联，然后于 9 月 15 日发动第一次进攻。他们飞临峡湾时，那里

化险为夷的航程

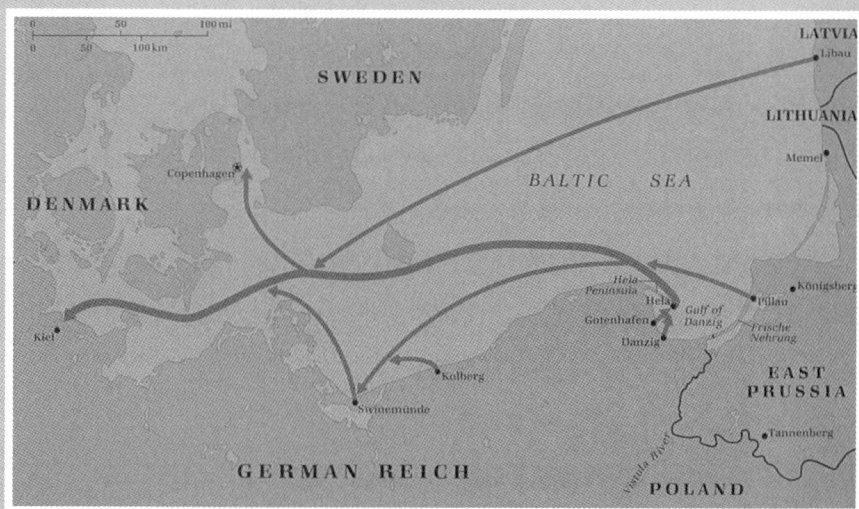

　　1945 年的冬春时节，德国海军动用每一条可以集结的舰艇，展开历史上最庞大的海上救援行动。舰艇在波罗的海之间来回航行，出没于但泽湾与立陶宛的利巴雅之间的危险海域，或基尔港与哥本哈根之间安全一点的海域。苏联潜艇的阻拦，英国皇家空军的轰炸和磁雷的威胁，都阻挡不住德国撤走士兵、平民的脚步。他们共撤走 200 万人，仅比苏联红军快一步。

的上空已布满浓烟，机师投了几个"高脚柜"，想着肯定打不中提尔皮茨号。的确，没有一个"高脚柜"在提尔皮茨号里面爆炸，不过有一枚炮弹刺穿了战列舰船首上的甲板，又穿透钢铁装甲，之后插入水中爆炸。停在提尔皮茨号旁的一艘双桅船被炮弹撞个正着，一名水手丧命。"高脚柜"在水中爆炸发出巨大冲击波，竟然使双桅船的前甲板折叠成沙丁鱼罐头般那样紧。

邓尼茨认为提尔皮茨号在挪威或波罗的海沿岸的德国修船厂都不可能修好，于是他做出一个古怪的决定——把提尔皮茨号向南转移，放在特罗姆瑟海湾当作浮动的炮台。邓尼茨觉得若提尔皮茨号终究逃脱不了被击沉的命运，他希望提尔皮茨号在浅水迎接这悲惨的结局，因为无论它受多重的打击，都不至于翻转沉没。理论上看，提尔皮茨号贴着峡湾底部停泊在浅滩，舰上的大炮仍可保卫挪威海岸线。于是，提尔皮茨号在特罗姆瑟近岸处下锚，船底贴着浅浅的沙床。挖泥机日夜工作，不断把沙铺到850英尺长的船边。

特罗姆瑟海湾离苏格兰的英国皇家海军基地比阿尔塔峡湾缩短了200英里。提尔皮茨号转移后，英国侦察机急忙搜寻它的新位置，在48小时内他们找到了特罗姆瑟海湾。兰开斯特型轰炸机此时已装配上新的罗尔斯·罗伊斯引擎。为减轻轰炸机重量并为新添加的燃料腾出位置，飞机没有装配机关枪炮塔及机身装甲。特罗姆瑟海湾至苏格兰的往返距离接近2000英里，兰开斯特型轰炸机极易成为德国空军的猎物。德国空军的驻地离提尔皮茨号停泊位置只有几英里之遥。兰开斯特型轰炸机在改装之后增重两吨，英国人认为飞机至多能飞个来回。

1944 年 11 月 12 日，29 架轰炸机从苏格兰空军基地起飞。诸多因素使英国人这次出击大获全胜。提尔皮茨号发出空袭警报，要求德国战斗机飞来掩护，谁知一架都没有来。兰开斯特型轰炸机飞抵提尔皮茨号上空14000 英尺处，炸弹发射后加速下落，没遇上空中拦截，穿透提尔皮茨号装甲后爆炸。提尔皮茨号的造烟机根本没起作用，而岸上的造烟机也没有在卡亚峡湾时那么奏效。英国人什么好运气都碰上了，轰炸机在高空把整个爆炸过程看得清清楚楚。"高脚柜"静静坠下，之后发出惊天的爆炸声，随之而来浓烟滚滚。3 枚炮弹击中目标，穿破披上装甲的船中部甲板，把两个锅炉房、一个轮机舱炸成碎片，在船身左边炸开一个 45 英尺长的大洞，从上层甲板直贯到舱底龙骨。军舰四处起火，点燃了一个弹药库。在一声震耳欲聋的爆炸声中，提尔皮茨号彻底被毁。英国轰炸机得胜返航，最后离开的轰炸机机组人员瞥见军舰红红的船底。提尔皮茨号最终还是倾覆了。

从一开始，地动山摇的爆炸就完全摧毁了提尔皮茨号所有的通信工具。船员在没有窗户的通信中心，开始还不知道军舰在缓缓翻转。根据军规，他们不得离开通信中心。但随着甲板越来越倾斜，他们开始往上逃生。其他待在舱底的船员也跟通信兵一道，顺着偏斜得不成样子的悬梯爬上去，可是掉下来的仪器却堵住了他们的去路。军舰一直在翻转着。他们拼命砸烂一扇卡住的舱门，突然意识到军舰已翻了个儿，甲板原来是逃生出口，如今已成了地狱之门。这时船员们听到外面海水涌进来的声音，情况极为不妙。

被困船员努力压抑心中的恐惧，思考如何从船底逃出。他们曾想往外逃去，却被涌进来的水给赶了回去。无头苍蝇般四处奔走中，他们碰到了一个司炉工。这位司炉工从一大群老鼠身上发现了一个逃生出口——老鼠钻过一条电缆管爬出了轮机舱。于是，他们学老鼠一样爬出了轮机舱，救援队的脚步声终于传进他们耳里。一位船员有规律地敲击船壳，发出莫尔斯码："16 人在前面的油缸下面。"

很快就传来了巨大的撞击声——乙炔枪切开了船体外壳，碎片掉进内壳。内层也很快给敲开了，船舱大量的密闭空气循着缝隙逃逸，发出巨响。外逃的空气如一阵大风，把乙炔枪吹灭，救援行动受阻。提尔皮茨号出事的时间是星期天早晨，军舰的高级工程师刚好上岸参加教堂礼拜。得知变故后，军舰高工立刻征募当地所有的乙炔枪，组织救援队伍并向队员指示切割的位置。

救援行动夜以继日进行。星期天下午稍晚时候，第一个受困船员被救出来了，待最后一个生还船员被救出

1945 年 4 月，希佩尔号在基尔港遭英国轰炸后，重重地向右舷倾斜。这艘重型巡洋舰当时刚从东波罗的海返回，船上装有 1500 名德国难民。

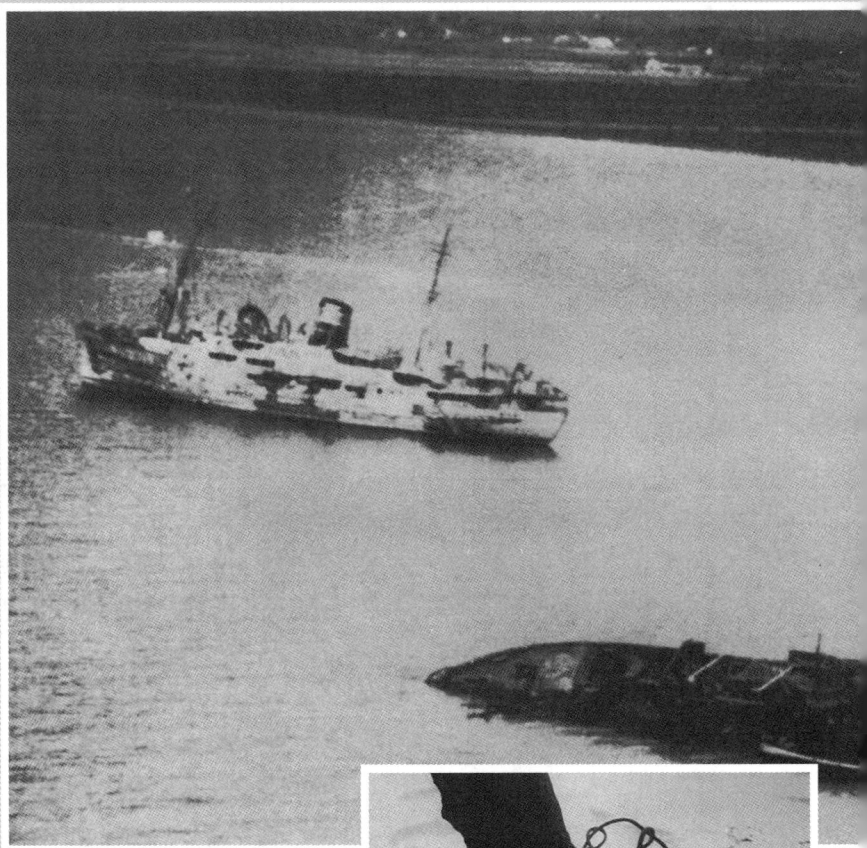

遭到英国皇家空军袭击后，邮轮卡普·
阿孔纳号（前景）倾侧。卡普·阿孔纳号
上装载了5000名战俘，大部分人被困在下
甲板，逃生无门，侥幸逃出的战俘也淹死
在海上。

英国大轰炸的一个牺
牲者被海浪冲上岸，旁边
堆着卡普·阿孔纳号的残
骸。瘦弱的集中营战俘弃
船后，因抵受不住华氏45
度的低温而死亡。

在英国士兵的监视下，纽斯达特居民在海滩上挖掘大坟墓，集体安葬大轰炸的牺牲者。尸体在下葬之前仍穿着囚服，身上的号牌成为区别他们身份的唯一途径。

误炸
战俘船

"二战"末期一片混乱，德国海军正忙于撤退陆军和平民，一次悲惨的误炸事件给海军的种种努力造成重大打击。随着盟军日渐逼近，德国开始撤退纽恩甘梅集中营里关押的战俘。1万名来自6个国家的男性战俘由党卫军押送，转移至停泊在波罗的海纽斯达特港的撤侨军舰上。

1945年5月3日下午，一个旋风式战斗轰炸机编队飞抵纽斯达特港上空。英国皇家空军飞行员接令，阻止德国陆军和纳粹高级军官离开港口。他们向战俘船发射火箭，火箭弹头装载着新型的65磅燃烧弹。40枚火箭击中卡普·阿孔纳号，顿时把这艘载满战俘的邮轮变成了活生生的火葬场。停泊在附近的货船蒂贝克号也被火箭击中。

这几艘船就停泊在海滩边上，但它们转眼之间就陷入火海并很快沉没，战俘根本没有机会逃生。8000名战俘及船员丧生。当天晚些时候，英国步兵进入纽斯达特港，接受该市当局的投降。

时，已是星期一下午。总共有85人从切开的缝隙逃生。救援队拼命切割的时候，海水越涌越高，不少被困船员来不及被救上来就淹死了。救援队员站在龙骨上，惊恐地听着被困船员们模糊不清的遗言，随后听见船员垂死之际高唱国歌"德意志，德意志"。提尔皮茨号约有1800名船员，近1000人或牺牲或失踪，葬身在这艘原以为天下无敌的军舰里。

提尔皮茨号被击沉后，第三帝国的剩余日子也不长了，德国水面舰队的故事随之将结篇。德国海军的最后覆没碰巧发生在波罗的海。波罗的海是大西洋一翼，长逾900英里，宽约100英里，夹在丹麦和斯堪的纳维亚半岛之间。由于常年大风和浪涛甚猛，波罗的海很浅，

1944 年 10 月 15 日，久经沙场的重型巡洋舰欧根亲王号在但泽湾与轻型巡洋舰莱普齐甘号相撞。欧根亲王号尖尖的船首把莱普齐甘号的舷侧刺穿。在下面连续的 3 幅图中，（左图）损伤控制小组对莱普齐甘号进行紧急维修，以防其沉没，（中图）几个小时后，欧根亲王号离开现场，（右图）图中显示莱普齐甘号被撞后，沿着龙骨形成一条深深的断层。莱普齐甘号就此报废。

海床都是沙。在差不多 4 年里，波罗的海简直成了德国的内湖。从 1944 年冬到 1945 年春，四面楚歌的德国海军在这里度过了最后的时光。

1944 年秋季，苏联红军 225 个师从波兰维图拉河挥师南下，将要把东普鲁士与爱沙尼亚、立陶宛及拉脱维亚一道，整个切断。当时德军北部战区的 40 个师曾打开一条后退的通道，有机会后撤。但希特勒发了一连串指示，号令他们"原地抗敌"，于是机会就眼睁睁地溜掉了。

德国军舰撤走陆军的一天终于到来。德国现代海军建造的第一艘战舰——巡洋舰埃姆登号，被派往柯尼希山进行整修。巡洋舰舰长接到上级指示，要求其随时候

命出发。船员等候期间，突然在一片暴风雪中从远处传来苏联红军隆隆的炮响。1 月 24 日凌晨 3 点，两辆货车载着便装警卫驶到码头，卸下两副棺材。埃姆登号此行的目的是运送陆军元帅兴登堡及其夫人格特鲁德的遗骸。兴登堡是德国一战英雄、魏玛共和国的总统，他在 1933 年任命希特勒为德国总理。他及夫人逝世后原葬在距海 70 英里的坦嫩贝格陵墓，德国人生怕其遗骸落入苏联人手中，因此把遗骸掘出运走。兴登堡的儿子奥斯卡当晚也登上军舰。他不知道父母的遗骸将在何处重新安葬，也不知道自己能否活着把他们安葬。奥斯卡对于能与父母的遗骸道别，已十分欣慰。

1945 年 1 月，威猛的苏联红军已兵临波罗的海，海路成为德国陆军撤退的唯一出路。从立陶宛海岸的梅梅尔海岸，向南经柯尼希山，再到但泽湾，德国必须全力保住波罗的海的滩头阵地。在守卫海滩据点，掩护德国撤退海上的一次次战斗中，德国水面舰队的勇气挥洒至极点。1945 年春天，德国军舰发炮量比之前 5 年的总和还要多。

在短短几周内，希尔号、欧根亲王号冲锋在前，吕措号、重披战袍的希佩尔号及巡洋舰克伦号、埃姆登号以及旧军舰施勒斯维希－荷尔斯泰因号、施勒西恩号随后护卫，用炮火阻挠不断前进的苏联红军。希尔号冒着如此大的危险前去撤军，德国士兵上舰时无言感激，唯有以热烈握手来表达谢意。欧根亲王号驶到里加湾等地方阻击苏联红军，一架空军侦察机及前方军队观察哨为它寻找目标。陆海空三军极少这么紧密合作过，它们阻挡了苏联红军坦克纵队和高炮连的推进。

每一次出击，德国军舰都战斗至最后一枚炮弹，然后再快速返回基尔港或斯维内明德港，装上炮弹后又踏上征程。军舰大炮由于使用过于频繁，炮管内层磨损非常厉害，经常是用了不久就得更换。德军猛烈的炮火，给行将崩溃的第三帝国换来了宝贵的几个月"缓刑期"，并使数以百万计的军民能逃回西线。这时正值隆冬季节，德国难民有的驾马车，有的驾雪橇，但更多的是步行而来。一拨又一拨难民涌入梅梅尔港和东普鲁士首府柯尼希山，再争先恐后挤进皮劳港。

海拉半岛与弗里斯科沙洲之间有着窄长的浅沙滩，从波兰大陆一直延伸至但泽湾。1945年春天，狭窄的半岛上几乎每一寸地方都挤满难民。每当一艘撤侨船载着1000名难民驶走时，立刻又有几千名难民抵达港口。苏联红军不停地轰炸但泽海滩。每天晚上，难民拼凑起简易码头，小船驶进码头把他们载走，再驶到撤侨船边上，然后他们乘德国舰艇逃跑。每个白昼，苏联轰炸机都把简易码头炸个粉碎。

邓尼茨委派海军中将康拉德·恩格尔哈特全权负责救援行动。根据邓尼茨的指令，"每艘战列舰、巡洋舰、驱逐舰、鱼雷艇，每艘商船、捕鱼船和皮划艇"都要投入到撤兵、撤侨行动中去，从而缔造了历史上最大、最

成功的撤退行动。1945年1月底至5月初期间，约55万名士兵及近200万平民成功撤走。

冰封的芬兰湾解冻了，苏联潜艇向南驶来，埋伏在通向基尔港的撤退航线上。英国皇家空军飞机成群结队地飞来，轰炸港口并在海上航线投下磁性水雷。一个悲惨结局摆在难民面前——他们历尽千辛万苦登上撤侨船，驶出梅梅尔港或皮劳港，正以为逃离死亡边缘的时候，船只却遇袭沉没。1月30日夜里，超载的邮轮威廉·古斯特洛夫号受到鱼雷袭击，4000人葬身大海，两倍于泰坦尼克号和露斯坦尼亚号海难的死亡人数总和。2月10日，冯·施托伊本号被炸沉，船上共有3400名难民及船员，只有300人生还。4月，运输船戈

为避苏联红军，德国平民抛下马车，徒步穿越危险的冰海，以赶上停在弗里舍斯·哈夫潟湖边上的撤退舰艇。弗里舍斯·哈夫潟湖宽12英里，分隔东普鲁士大陆与波罗的海。

德国船员清理甲板上的积雪，准备接上德侨难民。离岸军舰则为撤侨舰进行护航。

亚号被击沉，6830人丧生。然而，丧生大海的难民总数不到被救难民的2%。

幸存的德国海军舰艇频繁往返于快被苏联红军占领的港口间。它们在撤退的士兵头上开炮，阻击步步紧逼的苏联红军，或是及时运送食物、武器、煤炭等前线紧缺物资。没有一艘德国大型军舰在海上遇袭，但英国皇家空军轰炸港口却屡屡得手。12月，旧军舰施勒斯维希－荷尔斯泰因抵受不住连番轰炸，在但泽湾的戈腾海芬港平稳下沉。船员以大炮还击岸上的苏军，艰难支撑了1个月后才弃船。4月9日，希尔号在基尔港被击沉。4月16日，吕措号在斯维内明德受重创，船员像施勒斯维希－荷尔斯泰因的船员那样把渐渐下沉的军舰当

1945 年 5 月 7 日，德国鱼雷艇官兵集结在离丹麦不远的戈丁乍湾，最后一次降下纳粹军旗。

作炮台做最后抵抗，直到最后德国人炸毁吕措号，不让其落入盟军手中。

如今，德国海军只剩下幸运的欧根亲王号。不过，在1944年秋天的一个漆黑夜晚，它与轻型巡洋舰莱普齐甘号垂直相撞，几乎把莱普齐甘号撞成两半。意外发生后，欧根亲王号不敢退后，以防莱普齐甘号被突然而来的海水淹没。整整14个小时里，两艘军舰像连体婴儿一般紧锁在一起，随波漂动。后来，拖轮把它们成功分离。莱普齐甘号从此报废，不复当初雄风。欧根亲王号只在船厂修理了两周，就立即恢复原样。

在波罗的海的两端，盟军的轰炸进一步加剧了。他们几乎逼近到波罗的海岸边，但从岸边到内陆的数平方英里土地仍掌握在德军手上。1945年4月30日，苏联红军攻进柏林，希特勒随即在地堡自杀。临死前他任命邓尼茨接替他的职位。脚踏实地的邓尼茨如以往那样与盟军进行谈判，企图说服他们接受西线暂时停火，以争取更多的时间从苏联接管区接出更多的士兵和平民。盟军最高指挥官艾森豪威尔坚持德国必须在所有战线上接受无条件投降。

邓尼茨意识到自己不可能力挽狂澜，于是同意在1945年5月9日凌晨1点向盟军投降，他下令海军指挥官届时必须把船只移交给盟军。绝大多数舰只移交了，但仍有少数民用船只在随后几天里继续运送难民。德国远海舰队的大型军舰中，只有两艘受损巡洋舰——莱普

齐甘号及尼恩贝格号得以保存。而一向"打不死"的欧
根亲王号在战后注定是要被毁掉的。1946 年美国征用
欧根亲王号，成为太平洋中比基尼岛附近核试验的一部
分。大部分船只在原子弹试验中被炸沉，欧根亲王号是
为数不多的"幸存者"。一年之后，这艘"打不死"的
巡洋舰被拆成了一堆废料回收。

英勇的
救援行动

　　1945年，德国海军的最后任务是抢在苏联红军之前，撤离东普鲁士的德国士兵和平民。这是对海军纪律与胆量的一次最大考验，而事实证明德国海军成功地通过了考验，缔造了最辉煌的篇章。海军最高指挥部组织了上千艘舰艇，它们当中不少已蒙尘多年，几乎不能再次航行。海军把找得到的、派得上用场的军人和商船水手，都安排到救援船上。在很多情况下，救援船随时更换指挥官，缺乏经验及决心不足的军官被撤掉，换上能灵活应变的人员。

　　救援航线从丹麦及德国北部海港至东普鲁士，不少救援船在两者之间往返次数达10次之多。它们把供应物资运至前线，然后载回难民和伤兵。由于大型船只耗油量惊人且时常发生机械磨损，救援任务从邮轮、货船和军舰转移至较小体积的舰艇上。它们坚持工作至战争的最后一刻，共救出逾两百万德国难民。

1945年1月下旬，一艘船破
冰而行（前景），驶过拥挤的皮
劳港。东普鲁士港口挤满德国难
民（右下插图），他们携带少量
物品，争相登上救援船。

由一艘客运蒸汽船（右图）及一些小船组成的混合救援舰队利用冬季的空当时间，把难民转移至较安全的丹麦、德国港口。难民登上大型救援船，甲板上人头涌动，连悬挂的救生艇也被挤满了（左上图）。不过待在小救援船上的难民，要在冰冷的海风中挨过整个航程（左图）。

一只山羊拴在四轮马车边上，可怜地站在地上，它们都被逃难的主人遗弃在皮劳码头。德国难民带上大小财物，离开家园，但当他们上船时只允许携带手提行李。一些救援船（如图上所示的两艘）都备有高射炮，但它们经常在夜间起航，以减少遇袭的可能性。

士兵在训练船赫克托尔号上目睹救援船把老战列舰萨尔森号上的难民接走。萨尔森号于5月3日在斯维内明德附近触雷，船尾沉入海中，开始下沉。翌日，轰炸机击沉赫克托尔号（前身即为"海上杀手"奥利安号）。不少德国士兵尚未上船就死在岸上，大德意志师的近4000名士兵抵达皮劳港（插图所示），但只有800人活着逃离港口。

　　5月初，疲惫的德国难民晒着暖暖的阳光，坐在哥本哈根的码头边上，等待德国投降的消息。他们身后那艘巨大的军舰，正是德国重型巡洋舰欧根亲王号。欧根亲王号缺乏油料又没有武器补充，但熬过多年战争后仍能保持原样。

图书在版编目 (CIP) 数据

远海之战 / 美国时代生活编辑部编；李凤荷译 . ——
修订本 . —— 海口：海南出版社，2015.1（2022.7 重印）
（第三帝国）

书名原文：The third reich:war on the high seas
ISBN 978-7-5443-5811-8

Ⅰ.①远… Ⅱ.①美… ②李… Ⅲ.①德意志第三帝
国 – 海军 – 史料 Ⅳ.① E516.9

中国版本图书馆 CIP 数据核字 (2014) 第 271454 号

第三帝国：远海之战（修订本）

DISAN DIGUO: YUANHAI ZHI ZHAN (XIUDING BEN)

作　　者：美国时代生活编辑部
译　　者：李凤荷
选题策划：李继勇
责任编辑：张　雪
责任印制：杨　程
印刷装订：北京兰星球彩色印刷有限公司
读者服务：唐雪飞
出版发行：海南出版社
总社地址：海口市金盘开发区建设三横路 2 号
邮　　编：570216
北京地址：北京市朝阳区黄厂路 3 号院 7 号楼 102 室
电　　话：0898-66812392　010-87336670
电子邮箱：hnbook@263.net
经　　销：全国新华书店经销
版　　次：2015 年 1 月第 1 版
印　　次：2022 年 7 月第 2 次印刷
开　　本：787mm×1092mm　　1/16
印　　张：15.5
字　　数：180 千
书　　号：ISBN 978-7-5443-5811-8
定　　价：45.00 元